Rudolph Chimelli

Das Abendland Arabiens

Maghrebinische Verknüpfungen

Rudolph Chimelli

Das Abendland Arabiens
Maghrebinische Verknüpfungen

Picus Reportagen

Picus Verlag Wien

Die Deutsche Bibliothek – CIP-Einheitsaufnahme

Chimelli, Rudolph:
Das Abendland Arabiens :
maghrebinische Verknüpfungen /
Rudolph Chimelli. – Wien : Picus-Verl., 2002
(Picus Reportagen)
ISBN 3-85452-766-7

Grafische Gestaltung: Dorothea Löcker, Wien
Umschlagabbildung: Foto © Pictor
Druck und Verarbeitung: Remaprint, Wien
ISBN 3-85452-766-7

Inhalt

Gebrauchsanweisung für ein Wort

Den Maghreb gibt es nicht. Für arabische Geografen bezeichnet der Begriff das Land im Westen, in dem die Sonne untergeht, das Abendland des islamischen Morgenlandes (Maschrek), in dem die Sonne aufgeht. Dieser Maghreb hat keine scharfen Grenzen. Seine politische Organisation, die Maghreb-Union, erstreckt sich formell von Libyen bis Mauretanien. Nach europäischem Verständnis sind die Kernländer des Maghreb Tunesien, Algerien und Marokko, dessen arabischer Name – wie um die Dinge für Fremde zu verwirren – für sich allein »al-Maghreb« lautet. Streng genommen heißt dieses Land »al-Maghreb al-aksa«, der äußerste Westen. Aber das sagt niemand. In der Praxis ist es weitgehend üblich geworden, Nordafrika mit dem Maghreb gleichzusetzen, die Länder an der Südküste des Mittelmeers, jedoch ohne Ägypten, bis zum Atlantik. Libyen nimmt eine Zwischenstellung ein. Es kann zum Maghreb gezählt werden, weil es mit Sicherheit nicht Maschrek ist.

Den Maghreb gibt es doch. Aus dem einstigen »Land der Berber«, den nordafrikanischen Kolonien Roms, dem kurzlebigen Vandalenreich der Völkerwanderung, wurde im 7. und 8. Jahrhundert durch die arabischen Eroberungszüge etwas anderes, ein neuer Flügel im »Haus des Islam«. Sprachlich und ethnisch blieb dieser Maghreb von den Arabern lange unassimiliert, teilweise bis heute, obwohl frisch islamisierte Berberstämme schon bald Krieger und Dynastien zur Eroberung Spaniens beigetragen hatten. Für das Reich des Sultans in Istanbul, dem die Araber im Maschrek jahrhundertelang angehörten, waren die Beys, Dais und Stammesführer im Westen Gefolgsleute auf fernen Außenposten, die unter loser Kontrolle standen. Das Alltagsarabisch des Maghreb hat sich sowohl von der arabischen Hochsprache als auch von den Idiomen der Maschrek-Araber so weit entfernt, dass sich die beiden Gruppen oft nur mit Anstrengung verstehen. Und abermals legte die französische Herrschaft Algerien, Tunesien und Marokko durch Sprache und Verwaltung einen eigenen Prägestempel auf. Es gibt als Resultat dieser Geschichte zwischen den heutigen Maghrebstaaten kulturelle Gemeinsamkeiten, aber noch mehr Unterschiede. Sie lassen sich in die gefällige Formel fassen: Tunesien ist bürgerlich, Marokko aristokratisch, Algerien proletarisch. Wie die meisten solcher Formeln ist sie nicht ganz falsch und nicht ganz richtig.

Von Gibraltar oder Tarifa aus kann man den Maghreb sehen. Er ist dort sehr nah, kaum zwanzig Kilometer entfernt. Die meisten Europäer betrachten ihn am liebsten durch die Sonnenbrille des Tourismus. Tunesien und Marokko bieten Exotik und schönes Wetter zu günstigen Preisen, beinahe im Vorortsbereich der Charterflüge. Dagegen sind Algerien und Libyen für normale Reisende aus politischen Gründen nahezu unerreichbar geworden. Mit seinen sozialen Problemen – Geburtenreichtum und Arbeitslosigkeit, Islamismus und dessen Unterdrückung, illegale Auswanderung und Drogenhandel – drängt Nordafrika in umgekehrter Richtung nach Europa. Eine einzige Zahl genügt, um die Dimensionen deutlich zu machen: Jedes Jahr nimmt die Bevölkerung am jenseitigen Rand des Mittelmeers um fünf Millionen Menschen zu. Und über Assoziierung mit der EU wird die geografische Nachbarschaft immer enger. Aber davon wollen viele Europäer nichts wissen. Der Maghreb, dieser Maghreb, kann für sie nicht fern genug bleiben.

Den Zustand dieses Südens kann man abwiegelnd auch stabil nennen: So hat sich vor über einem Vierteljahrhundert für die ehemals spanische Westsahara, die von Marokko annektiert wurde, die Demokratische Arabische Republik Sahara konstituiert. Etwa so lange warten achtzigtausend Sahraui-Flüchtlinge in vier Lagern nahe dem algerischen Tinduf bereits auf Heimkehr. Schon vor zehn Jahren hat die UNO ein Referendum zur Lösung des Konflikts angesetzt, das Marokko indessen erst zulassen wird, wenn ein Ergebnis zu seinen Gunsten sicher ist. Es herrscht Waffenruhe. Aber die Grenze zwischen Marokko und Algerien, das die Polisario-Exilregierung unterstützt, bleibt geschlossen.

Viel besser beschreibt deshalb das Wort »Stagnation« die Lage – nicht nur in der Westsahara, sondern in ganz Nordafrika vom Atlantik bis nach Libyen. Das Königreich Marokko, das algerische Militär- und Funktionärsregime, die präsidiale Diktatur Tunesien, der so genannte Massenstaat des libyschen Revolutionsführers Kadhafi sind in ihren inneren Strukturen recht verschieden. Dennoch sind Korrespondenten, die über alle diese

Staaten berichten, schon seit Jahren in der misslichen Lage, dass sie immer wieder die gleichen Geschichten schreiben müssen. Nirgends ändert sich etwas Grundsätzliches.

Für Algerien erhoben sich mit dem Amtsantritt von Präsident Abdelaziz Bouteflika Hoffnungen auf ein Ende des blutigen Wechselspiels von Terror und Unterdrückung, das nach der Absetzung des Wahlsiegs der Islamischen Rettungsfront FIS im Januar 1992 begonnen hatte. Doch Bouteflika ist weder die nationale Versöhnung geglückt, noch konnten die ausrottungswilligen Generäle ihre islamistischen Gegner niederkämpfen. Es wird weiter gemordet, während der soziale Druck durch Arbeitslosigkeit, Not und Korruption unverändert ansteigt.

In Marokko knüpfen sich alle Erwartungen an den jungen König Mohammed VI. Er hat am pompösen Protokoll seines Vaters einige Abstriche vorgenommen, den unbeliebten Innenminister Driss Basri entlassen und die Wiedergutmachung für politische Häftlinge beschleunigt. Entscheidungen über alle wichtigen Fragen treffen jedoch weiterhin weder Regierung noch Parlament, sondern ein undurchsichtiges, nur dem Herrscher verantwortliches Machtsystem um den Palast. Die einzig ernsthafte Opposition, die der Islamisten, bewegt sich am Rand der Legalität und des politischen Lebens. Mit den Zeitungen war Hassan II. am Ende seines Lebens beinahe behutsamer umgegangen als sein Sohn.

Wirtschaftlich bessere Ergebnisse als die Nachbarn kann der tunesische Präsident Zine el-Abidine Ben Ali vorzeigen. Umso negativer ist die politische Bilanz. In keinem anderen der entwickelten Maghrebländer ist die Unfreiheit so groß, die Gängelung Andersdenkender so lückenlos, die Presse so langweilig gleichgeschaltet. Obwohl eine kleine legale Opposition als Treibhauspflanze existieren darf, ist Tunesien weiter de facto ein Einparteienstaat. Durch das Attentat auf die Synagoge von Djerba fiel Reif auf die empfindliche Tourismusblüte.

Der libysche Revolutionsführer Kadhafi hat durch die Auslieferung der beiden Angeklagten zum Lockerbie-Prozess und während der Geiselkrise von Jolo zu erkennen geben, dass er die Zeit der Ächtung hinter sich lassen will. Zum Treffen der EU-Staaten mit den südlichen Anrainern des Mittelmeers kam er jedoch nicht nach Marseille. Dieser »Club Med« genannte Kreis war für ihn schon wieder unattraktiv geworden.

Die in diesem Band gesammelten Reportagen wurden in der Absicht verfasst, zu beschreiben, was nicht bei jedem kurzen Besuch sichtbar wird; zu erklären, was die Menschen bewegt, was für sie wichtig ist und was nebensächlich, wie sie regiert werden und was ihre Sorgen sind. Ein umfassendes Konzept steckt nicht dahinter: Dies ist kein ausgeklügeltes Buch, sondern eine Kollektion von Eindrücken, Recherchen, Analysen und Urteilen, ohne Anspruch auf Vollständigkeit, schon gar kein Reiseführer und noch weniger eine Landeskunde. Die Kapitel wurden nicht fortlaufend geschrieben, sondern über mehrere Jahre hinweg. Deshalb ist es unvermeidlich, dass Personen der Handlung, Schauplätze oder Ereignisse im Text wiederkehren. Solche Doubletten systematisch zu eliminieren, hätte indessen die Verständlichkeit vermindert. Für die Transkription von Eigennamen wurde kein wissenschaftliches System benutzt. So weit sie sich in ihrer französischen Form eingebürgert haben (Bourguiba), werden sie so geschrieben. Meistens wird die im Deutschen übliche Form (Algier, Algerien) oder eine Umschreibung benutzt, die der deutschen Aussprache möglichst nahe kommt. Ceterum censeo: Es gibt tausend Gründe, sich für die Erben von Karthago, den modernen Maghreb, zu interessieren.

Junger König, alte Probleme: Alles Gute kommt von oben

Nur einen Augenblick lang öffnet sich ein Tor des Königspalasts von Tanger. Unbemerkt und unerkannt verlassen zwei junge Männer im Sportanzug das Schloss, setzen sich in Trab und nehmen Richtung auf das Meer. Es ist früh am Morgen und wenige Menschen begegnen ihnen. Doch rasch verbreitet sich die Nachricht, dass einer der Läufer der König ist. Der andere ist sein Leibwächter. Auf dem Weg zurück zum Marschan-Palast ist die Straße Mohammeds VI. bereits von Menschen gesäumt, viele von ihnen Frauen, meist aus den umliegenden Vierteln. Unter grellen *Juh-Juh*-Rufen flehen sie den Schutz Gottes auf den jungen Monarchen herab – wegen der unzureichenden Sicherheitsmaßnahmen, aber nicht nur deshalb. »Unter Hassan II. hatten wir Angst vor dem König. Jetzt haben wir Angst um den König«, so erklären viele Marokkaner die Reaktion zufälliger Volksansammlungen.

Alles hat sich geändert nach dem Tag, an dem der alte König starb. Eine Woche später bestieg Mohammed VI. den Thron. Die erste Korrektur an der Hinterlassenschaft des autoritären Vaters war die Entlassung von Innenminister Driss Basri, der ein Vierteljahrhundert lang die Opposition drangsaliert, Wahlen frisiert und die öffentliche Meinung an der Kandare geführt hatte. Als Geste »der moralischen Anerkennung« – so der junge

König – wurde eine Kommission eingesetzt, die rund vier Millionen Euro an die Opfer von Folter verteilen soll. Emigranten durften heimkehren: Die Familie Mehdi Ben Barkas, den Hassans Geheimdienst aus Paris entführte und ermordete, lebt nach Jahrzehnten wieder in Marokko. Dem einstigen Kommunisten Abraham Serfaty, der als Folge von 14 Jahren Haft im Rollstuhl sitzt, wies Mohammed VI. eine Villa bei Casablanca an, mit Blick aufs Meer.

Nichts hat sich geändert. Auch der neue Innenminister ist weder vom Parlament noch vom Regierungschef abhängig, sondern allein vom König. Als Inhaber eines so genannten »Souveränitätsressorts« wurde er vom Monarchen eingesetzt und führt dessen Weisungen aus. An Artikel 23 der Verfassung, laut dem »die Person des Königs unverletzlich und heilig ist«, wurde nicht gerührt, auch nicht an Artikel 28, der festlegt, dass »königliche Botschaften an die Nation und das Parlament nicht Gegenstand von Debatten sind«. Nach wie vor ist Marokko ein Land, in dem der Anteil der absolut Armen, Analphabeten und Arbeitslosen weiter zunimmt. Sechs von zehn Dörfern haben keinen Straßenanschluss, sieben von zehn keine Wasserleitung, 97 von 100 keine medizinische Versorgung. Die Presse ist langweiliger als im letzten Jahr Hassans. Immer noch bestimmt das anonyme Machtgeflecht um den Palast – bekannt unter der Bezeichnung *Makhsen* – was in Politik und Wirtschaft wirklich geschieht. Und immer noch kann eine königliche Prinzessin, wenn sie plötzlich eine größere Summe braucht, den Minister für Religiöse Stiftungen anrufen lassen und bis zum Abend ihre Anweisung erhalten.

Aber der Stil hat sich geändert. »Mama, Könige fahren doch nicht Auto!«, ruft die kleine Tochter einer französischen Touristin, als ihr die Mutter vor dem Mamounia-Hotel in Marrakesch den Monarchen zeigt, der am Steuer seines schwarzen Lexus davonprescht. Mohammed VI. fährt gern. Von der Villa abseits der Flughafenstraße von Rabat, die er schon als Kronprinz bewohnte, fährt er am Morgen selber in den Palast, ohne Eskorte, aber von einem diskreten Wagen der Sicherheit begleitet. Zu den Favoriten in seinem großen Fahrzeugpark gehören ein schwarzes Mercedes-Cabriolet (Sonderanfertigung) und ein pistazienfarbiger Rolls mit dem Monogramm »H« seines Vaters am Wagenschlag.

Gerade noch hat der König auf der Terrasse des Hotels gespeist, ohne Leibwächter, nur mit einem Vertrauten. Mohammed hat »Mahjoub!« gerufen, den Maître d'Hotel, die Rechnung verlangt und einen Scheck auf die Bank Al Maghrib ausgeschrieben. Wenn er in Paris im Ritz absteigt, lässt er sein Diner nicht unbedingt auf seine Suite bringen, sondern geht zu Tong Yen, einem Chinesen in der Nähe, den er schätzt. Diskotheken, die er manchmal als Prinz mit Freunden aufsuchte, meidet er jetzt. Regelmäßig schaut Mohammed VI. auf die Rechnung. Als im Palast von Marrakesch die elektrische Anlage anfällig wurde, holte er drei Voranschläge ein. Ein örtlicher Elektriker war bereit, es für ein Drittel der Summe zu machen, die die beiden Hoflieferanten wollten. Sie hätten die gesamte Einrichtung erneuert. »Nicht nötig,

Majestät«, sagte der Neue, als der König ihn kommen ließ. »Es genügt, ein paar Kleinigkeiten zu reparieren.«

Marokkos Gesellschaft zu reformieren, ist weniger einfach. Die Regierung des Sozialdemokraten Abderrahmane Youssoufi, seit Jahren im Amt, hat sich aus dem Bewusstsein der Öffentlichkeit weitgehend verabschiedet. Was das Kabinett tut oder unterlässt, interessiert nicht mehr viele. »Wir haben uns verbürgerlicht«, gesteht der Regierungschef, der unter dem Vater des Königs Jahrzehnte in Haft und Exil verbrachte. »Wir haben uns vom Volk abgeschnitten. Die Islamisten haben unser natürliches Wählervolk verführt. Sie versprechen den Himmel auf Erden.« Keines der großen Reformvorhaben, mit denen die Regierung antrat, ist verwirklicht. Die 41 Minister aus sieben Parteien sind zutiefst uneinig. Sogar unter sich sind die Sozialisten zerstritten.

Die Marokkaner sehen nur noch ihren König. »Er gibt uns Mehl, er gibt uns Öl, er gibt uns Milch«, sagt schwärmerisch die vom Land zugewanderte Malika, die im Büro einer ausländischen Firma sauber macht. Gleich vielen kann sich Malika keine politischen oder wirtschaftlichen Verhältnisse vorstellen, in denen das Heil nicht von der Person des Staatsoberhauptes ausgeht, vom »Kommandeur der Gläubigen«, der sich auf direkte Abstammung vom Propheten Mohammed beruft. Offiziell sind Kniefall und Handkuss abgeschafft. Aber reflexartig befolgen die meisten weiter die Formen paternalistischer Verehrung, vor allem Beamte, Technokraten und Generäle. Nur selten kratzt jemand vorsichtig am sakralen Image. So wie der Menschenrechtsanwalt Abderrahim Berrada, der sagt: »Nichts ist heilig in Marokko, außer der Würde des Bürgers.« Oder wenn der Dichter Salah al-Ouadie »Handküsse nur noch aus Liebe« sehen möchte. Auch er war ein Opfer von Hassans Folterverliesen.

Er ist einer von uns. Auf diese Formel lässt sich das kollektive Empfinden der Jugend für Mohammed VI. bringen. Er kleidet sich wie sie, sie kleiden sich wie er – so weit sie es sich leisten können: Schwarzer Lederblouson, verwaschene Jeans, dunkle Gabardine-Anzüge, Designer-Sonnenbrillen, modischer als jeder andere Staatschef der islamischen Welt. Sein Vater hatte Schneider in den Palast kommen lassen. Der Sohn geht lieber selber in Paris, Courchevel oder Biarritz zu Ralph Lauren oder Lalique. Plötzlich sind Stoppelbart und kurz geschorenes Haar nicht mehr islamisch, sondern königlich. Der Herrscher läuft Jet-Ski auf der Flussmündung unterhalb der Medina von Rabat – wo ihn mehr Untertanen als sonst irgendwo im Scherifenreich sehen können. Für seine Fans ist Mohammed eine Art Popikone. »M 6« nennen sie ihn.

Zu seinen Privatkonzerten holt der König Musiker in den Palast, die zu den Lieblingen junger Marokkaner zählen, vorwiegend Schwarze aus den USA und der Karibik. Stevie Wonder trat dort schon auf, Nina Simone oder »Prince Bilal«, mit bürgerlichem Namen Leslie D. Lincoln. »Soul and Reggae, that is what they love«, sagt er über die Vorlieben seines exklusiven Publikums. Zu »they« gehören neben Mohammed dessen Bruder Moulay Rachid, seine drei Schwestern Lalla Meriem, Lalla Asmaa und Lalla Hasnaa sowie sein Cousin Moulay Abdallah. Lalla Meriem begleitet den König auch bei zeremoniellen Auftritten und Auslandsreisen. Denn bis zum Alter von 38 Jahren blieb der Monarch hartnäckig unverheiratet.

Mitten in der Woche muss der Schönheitssalon Amaryllis in der Avenue Ould Oumeir von Rabat plötzlich schließen. Die französische Inhaberin ist zum König in den Palast gerufen worden. Sie hat schon Hassan II. sechs Jahre lang aufgebessert, und Mohammed VI. ist nicht weniger um seine Erscheinung besorgt. Wenn immer er sich in Marrakesch befindet, läuft er nach dem täglichen Jogging im Palmenhain am Ende ins Golf Hotel, um mit dem französischen Bewegungstherapeuten Christian Muskeltraining zu praktizieren. Einmal, als Mohammed durch Paris rannte, erwischte ihn ein Fotograf mit einer Schachtel Marlboro in der Hand. Die Begleiter wurden angepfiffen, weil sie das kompromittierende Bild nicht verhindert hatten.

Den spanischen König Juan Carlos nennt Mohammed »Onkel Juan«. Er ruft ihn fast jede Woche an. Auch zum französischen Präsidenten Jacques Chirac besteht wöchentlich Kontakt. Vordringlich ist indessen die Pflege der Beziehungen zu den USA. Denn Marokkos Lage auf der strategischen Weltkarte ist heute weniger wichtig als zur Zeit des Kalten Krieges oder als König Hassan noch als Scharnier zwischen der arabischen Welt und Israel gebraucht wurde. Weil Mohammed dies begriffen hat, gab er sein erstes und für lange Dauer einziges Interview dem amerikanischen Nachrichtenmagazin *Time*. Der Monarch nahm die Korrespondenten der Zeitschrift sogar in sein Privatflugzeug mit und ließ sie beim Jogging nebenher hecheln. Für seine nationale Fluglinie kauft er wieder Boeing, nicht Airbus.

Am sichtbarsten pflegt Mohammed seine Rolle als »König der Armen«. Er reist in den vernachlässigten Norden und ins Landesinnere. Am Hafenkai von Tanger, wo im Juli mehr als hunderttausend Auslandsmarokkaner zu Ferien in der Heimat anlanden, schreitet der König zur Begrüßung unangemeldet die Schlangen überladener Autos aus Frankreich, den Beneluxländern und Deutschland entlang. Unter dem Namen seines Großvaters Mohammed V. hat er eine Stiftung gegründet, die Not lindern soll. Ohne Vorankündigung erscheint der König in einem Waisenhaus von Fes oder einem Spital von Agadir, um sich davon zu überzeugen, wie sein Geld ausgegeben wird. Oft ist er unzufrieden. Noch sind die Notleidenden mit Spenden und der königlichen Huld zufrieden. Zwar wäre es Aufgabe des Staates, die Armut mit strukturellen Änderungen zu bekämpfen. Doch dass es unterbleibt, wird nicht dem Monarchen, sondern den Politikern angelastet. »Sein Kredit reicht noch für Jahre«, urteilen sogar die Islamisten.

Wohltätigkeit war bisher praktisch ihr Monopol. Obwohl die größere der beiden islamistischen Bewegungen Al-Adl wa al-Ihsan (Gerechtigkeit und gute Werke) bloß geduldet ist, kümmern sich ihre Aktivisten um Slum-Bewohner und andere Arme. Sie helfen mit Lebensmitteln und Kleidern, ihre Ärzte behandeln gratis, sozial Strauchelnde halten sie aufrecht. Unter den

Studenten dominieren sie. Der Führer der Bewegung, der weit über siebzigjährige Scheich Abdassalam Yassine, ist aus zehnjährigem Hausarrest befreit worden. Er reist durchs Land, doch mehr als einmal wurden dabei Autos seiner Kolonne von Sicherheitsfahrzeugen angebeult. Statt der Polizisten von ehedem sitzen nun Tag und Nacht zwei junge Islamisten auf Wache vor der gelben Villa des Scheichs in Sale bei Rabat. Das Auto der Geheimpolizei parkt um die Ecke. Die beiden Zeitungen der Bewegung wurden wieder verboten. »Nun bin nicht mehr ich belagert, sondern meine gesamte Vereinigung«, klagt Yassine.

Am meisten umkämpft sind die Strände. So genannte Haifischzähne liegen auf dem Asphalt, schon wo die schmalen Stichstraßen in die Dünen vom großen Überlandweg abzweigen. Bei Mehdia, nördlich von Rabat, fahren die Autos zwischen den Stachelbändern Slalom. Gendarmen können die Haifischzähne notfalls mit einem Ruck über die Fahrbahn ziehen. Unter Eukalyptusbäumen parkt ein großer Mannschaftswagen. Die Reserve lagert im Schatten. Zwei Kilometer weiter, auf halbem Weg zum Meer, wieder Haifischzähne. Auf dem Strand selbst, Zelte der Gendarmerie. Davor darf sich niemand niederlassen, damit die Sicht nicht behindert wird. Mit einem Fernglas überblickt der Diensthabende das Terrain, ganz so, als würde er darüber wachen, dass keine Badeunfälle geschehen. Aber darum geht es nicht.

Unter einem der bunten Sonnenschirme sitzt in seiner Badehose ein grauhaariger Herr von energischem Aussehen. Er hat eine Videokamera, die er nach einiger Zeit ins Zelt trägt: Es soll verhindert werden, dass sich wieder »islamische Clubs Med« bilden. Im ersten Regierungsjahr Mohammeds hatte Yassines Bewegung an mehreren Stellen der Küste Strände belegt, auf denen Männer und Frauen durch ein zweihundert Meter breites Niemandsland getrennt waren. Fast hunderttausend Gläubige beteiligten sich. Für beide Geschlechter gab es Spiele, Vorträge, Koranrezitation und Gebet. Wohlhabende Familien kochten Couscous für die Ärmeren. Am besten organisiert war das Camp von Bounnaim, südlich von Casablanca. Es hatte ein medizinisches Zentrum, einen Krankenwagen, eine Apotheke, Einkaufsmöglichkeiten – und fünf Feldmoscheen. Die Hygiene wurde als vorzüglich gerühmt. Die Kosten waren mit 15 Dirham (ein Euro fünfzig) pro Familie gering.

Da der Innenminister heuer solche Camps verbot, haben die Islamisten ihre Taktik geändert. Sie gehen einzeln oder in kleinen Gruppen auf normale Strände, um Gespräche und Sympathien zu finden. Mit Razzien suchen Gendarmen und manchmal Soldaten die Islamisten auszufiltern. »Man soll sie in Ruhe lassen, man soll uns in Ruhe lassen«, zitiert eine Zeitung Augenzeugen. Woran ein Mann in der Badehose als Islamist erkennbar wird, ist nicht übermittelt. Der Bart kann es nicht sein. Auch der König hat ja einen.

Der Innenminister stammt aus dem engsten Kreis der Vertrauten des Herrschers. Sie waren fast alle zusammen mit ihm auf der Palastschule, die von Prinzen und Prinzessinnen, aber auch von Kindern befreundeter Familien besucht wird.

Ali al-Himma, Staatssekretär im Innenministerium, gehört zu diesem Kreis, Yassine Mansouri, Chef der marokkanischen Presseagentur, Hassan Aourid auf dem neu geschaffenen Posten des Palastsprechers.

Schon als junger Mann war Mohammed von seinem Vater mit hohem militärischem Rang ausgestattet worden. Er nimmt die Armee ernst, sehr ernst. Vielleicht denkt er daran, dass Hassan zweimal nur mit knapper Not Staatsstreiche von Militärs überlebte. Fünf Stunden hält der junge König ohne erkennbare Ermüdung aus, wenn er bei 35 Grad im Schatten eine Truppenparade im Süden abnimmt. Unbewegt und aufrecht, mit dem Selbstbewusstsein eines Befehlshabers, sitzt er dabei auf einem ordinären Stuhl, nicht auf einem Thron. Sein Blick ist gerade nach vorne gerichtet. Nur manchmal greift der König nach einem blauen Kristallglas aus Fes. Es enthält eine Kostbarkeit, die für die meisten seiner Untertanen immer noch unerreichbar ist: kühles, klares, sauberes Wasser.

Wende auf maghrebinisch: Von einem Wartesaal in den anderen

Radio und Fernsehen waren ihm elf Jahre lang verschlossen. Er hatte die größten Schwierigkeiten, eine Bühne zu finden, und doch kennt jeder Marokkaner den Spaßmacher Ahmed Sanoussi, genannt »Bsis«. Politisch stachlig ist sein Witz. Dafür ein Beispiel, das auch ohne die Medien rasch die Runde machte: Als unter großen Hoffnungen die von dem Sozialisten Abderrahmane Youssoufi geführte »Regierung des Wechsels« ihr Amt angetreten hatte, spottete Bsis: »Jeder wartet auf die Veränderung, aber nichts kommt. Vielleicht besteht der Wechsel nur darin, dass wir von einem Wartesaal in den anderen umgezogen sind.«

Youssoufi lächelt freundlich bei solcher Kritik. Bevor er sein Amt antrat, hatte er vierzig Jahre in der Opposition verbracht und fast zwanzig Jahre im Exil. Einmal war er zum Tod verurteilt. Die Gefängnisse des Königs kennt er von innen. Trotz all dem und nach langem Zögern nahm »Si Abderrahmane« den Auftrag zur Regierungsbildung an, den seine Partei zweimal zuvor ausgeschlagen hatte. »Das Land konnte nicht weiter wie bisher verwaltet werden«, erklärt Youssoufi den Schwenk. »Wir mussten unser Land retten. In der Partei war allen klar, dass wir uns damit auf ein Risiko einlassen. Aber wir konnten uns nicht davonschleichen.« Auch König Hassan habe es damals gewusst: »Marokko stand vor einem Herzinfarkt.«

In der Substanz hat sich an dieser Diagnose noch nach Jahren wenig geändert. Youssoufi konnte keine Wunder wirken. Die Verwaltung, über deren Unfähigkeit und Korruption alle klagen, verschlingt immer noch die Hälfte der Staatseinnahmen. Weitere dreißig Prozent der öffentlichen Mittel müssen für die Bedienung von 22 Milliarden Dollar Schulden aufgewendet werden, welche die Regierung erbte. Für Sozialreformen bleibt praktisch nichts übrig. Die Arbeitslosigkeit wird offiziell mit 26 Prozent beziffert, ist aber höher, besonders auf dem Land. Nicht einmal jeder zweite Marokkaner kann lesen und schreiben. In einer UNO-Liste, die den Entwicklungsstand nach Kriterien wie Schulbesuch, Gesundheitsfürsorge oder Sozialprodukt beurteilt, steht Marokko an 125. Stelle, noch hinter Tunesien, Algerien, Ägypten und Syrien.

Gleichwohl ist es nicht so, als ob Youssoufi gar nichts vorzuweisen hätte: »Wir haben keinen Tag verloren, wir haben ein gutes Gewissen. Nur wenige Länder haben wie wir eine wirtschaftliche Wachstumsrate von sechs Prozent.« Zum ersten Mal sind korrupte Richter entlassen worden, was früher unvorstellbar gewesen wäre. Der Fahrzeugpark der Ministerien wurde gestutzt. Die Zeitungen haben gewisse Freiheiten, wenn es auch die größte unter ihnen nur auf eine Auflage von sechzigtausend bringt. Einem Parteitag seiner Sozialistischen Union der Volkskräfte USFP wich Youssoufi mehr als zwölf Jahre lang aus. Es hieß, er wage nicht, ihn einzuberufen. Von einer Revolution durch die Wahlurnen konnte freilich nie die Rede sein. Bei der Parlamentswahl von November 1997 erhielten die sieben Parteien der jetzigen Regierungskoalition zusammen 32 Prozent der Stimmen, nur um Haaresbreite mehr als jene Gruppierungen, die bis dahin die Regierungen des Königs gebildet hatten. Um sein Kabinett auszutarieren, brauchte Youssoufi viele Wochen. Um die Balance herzustellen, mussten 41 Minister oder Staatssekretäre ernannt werden. Die USFP besetzte davon nur 13 Ressorts. Auf dieser Basis waren nicht mehr als Kompromisse möglich. Der Kurs der Monarchie musste zeitgemäß korrigiert, den Empfehlungen der Weltbank und des Währungsfonds musste entsprochen werden.

Viele Linke hätten gern ein ausgabenfreudiges »politisches Budget« gewollt, mit einem Defizit bis zu fünf Prozent, um der Regierung von Anfang an populäre Schubkraft zu verschaffen. »Die wichtigste Veränderung ist durchaus sichtbar, aber niemand macht von ihr viel Aufheben«, behauptet Khalid Allioua, einer der tonangebenden Sozialisten. »Von der fest gefügten Führung durch dunkle Kräfte sind wir zu einer gewählten Regierung übergegangen, die man offen kritisieren darf.« Man kann im Marokko von heute Skandale aufdecken, Miss-Stände anprangern, soziales Unrecht anklagen, sogar Verletzungen der Menschenrechte diskutieren. Nur an drei Tabus darf niemand rühren. Die Monarchie in der Person des Königs, der Islam als Staatsreligion und die »Marokkanität« der Westsahara sind heilig.

»Die Medien sind nicht für uns«, sagt Youssoufi nachdenklich und noch einmal: »Wir haben keine Medien. Wir arbeiten im Dunkeln.« Es ist die vielleicht größte Schwäche der Reformer, dass das Ancien Régime im staatlichen Fernsehen fortdauert. Chef der Monopolanstalt ist ein »Wali«, ein Gouverneur, den der Innenminister bestellt. Die Regierung hat auf das Programm keinen Einfluss. Was linientreue Redakteure und Reporter produzieren, erreicht drei Viertel der Haushalte, sogar in den fernen Tälern des Hohen Atlas. Für die Mehrzahl der Marokkaner ist es die einzige Informationsquelle. Als der Regierungssprecher, eben jener Allioua, einmal im Fernsehen kontrovers debattieren wollte, musste er sich dazu auf eigene Kosten einen bekannten arabischen Publizisten aus London kommen lassen. Die heimische Journalistenzunft ist an aggressives Fragen noch nicht gewöhnt.

Der Regierungschef hat sein Büro hinter den hohen Mauern des Königspalasts. Aus seinem kleinen Haus in Casablanca ist er in eine Dienstvilla der Hauptstadt umgezogen. Aber er ist unprätentiös geblieben. Seine Art zu sprechen, zu argumentieren – sein ganzer Lebensstil ist der eines mediterranen Sozialdemokraten. Beim Diner setzt er sich mit seinen Gästen an den runden Tisch und auf die tief liegenden Polster einer nahen Hotelfachschule. Elevinnen servieren. Die Tafel des Regierungschefs ist anständig, marokkanisch und völlig ohne Luxus. Youssoufi hofft darauf, dass ihn die Genossen, die in der EU regieren, nicht scheitern lassen. Vor allem Investitionen braucht er zum Erfolg.

Als junger Mann war Youssoufi schon dabei, als rechte Nationalisten, marokkanische Linke und der damalige Herrscher Mohammed V. sich im Kampf gegen die Franzosen verbündeten. Damals glaubten die Mitglieder jenes »Nationalpaktes«, der König von Marokko werde sich nach der Unabhängigkeit verdrängen oder stürzen lassen wie Faruk von Ägypten oder der Bey von Tunis: Es schien die für Marokko logische Fortsetzung der Entkolonialisierung. Doch sein Sohn Hassan II. überstand Komplotte und Mordanschläge. Seine Geheimpolizei war effizient, seine Kerker waren berüchtigt. Erst im Abendlicht von Hassans Herrschaft zog die Monarchie Samthandschuhe an. Und die Opposition von einst begriff, dass sie durch die Islamisten überholt hätte werden können, wenn sie weiter im Abseits verharrt wäre.

Mehr als siebzig Prozent der Marokkaner hatten im Leben keinen anderen Herrscher als Hassan II. gekannt. Für sie war er »der König«. Und während der fast vier Jahrzehnte seiner Herrschaft war Hassan alles andere als eine Gallionsfigur. Immer führte er das Ruder mit eiserner Hand. Er berief sich auf seine Abstammung vom Propheten Mohammed und verkündete kategorisch: »Der Islam verbietet es mir, eine konstitutionelle Monarchie einzurichten, in welcher der Souverän alle Macht delegieren und nur noch herrschen würde, ohne zu regieren.« Wichtige Entscheidungen traf Hassan immer selber. Nur Sachkundige im Ausland nahmen wahr, dass der alte König gute Verbindungen zur marokkanisch-jüdischen Gemeinschaft und zu Israel unterhielt. Schimon Peres enthüllte einmal, dass der neugeborene Hassan sogar eine jüdische Amme hatte – sie hieß Simha – und durch sie auch einen jüdischen Milchbruder. Doch die Beziehungen beschränkten sich nicht aufs Anekdotische. Hassan fädelte die historische Reise des Ägypters Anwar Sadat nach Jerusalem ein. Er ließ prominente Israelis nach Marokko kommen, als der jüdische Staat von den meisten Arabern noch geschnitten wurde. Der König betrieb den Friedensprozess, als andere noch nicht einmal das Wort kannten. Und es gab in Marokko mehr als einmal jüdische Minister. Einer der engsten Berater des Königs, des jetzigen und des verstorbenen, ist der Bankier André Azoulay. Er entstammt einer alten jüdischen Familie in Mogador.

Verglichen mit dem, was in Algerien, Tunesien und weiten Teilen der Arabischen Welt geschieht, wirkte Hassans Regime am Ende trotz krasser Verletzung der Menschenrechte sogar liberal und tolerant. Der militante Islamismus griff nie von Algerien auf Marokko über. Selbst frühere Gegner bescheinigten dem König widerstrebend, er habe es mit seinem armen, übervölkerten, trockenen Land insgesamt nicht schlecht gemacht. Die Stabilität blieb in allen Krisen erhalten, nicht zuletzt, weil Hassan dem religiösen Fundamentalismus Ventile öffnete. Als Hassan zu Grabe getragen wurde, nannte ihn Abdelillah Benkiran, der Wortführer einer geduldeten islamistischen Gruppe, »einen großen König«. Sie hat sogar einige Abgeordnete im Parlament. Unter dem Verstorbenen hätten »unsere Ideen, trotz einiger negativer Aspekte, vor allem in der Justiz, ihren vollen Platz auf sozialer und politischer Ebene erhalten«. Lobenswert fand Benkiran vor allem: »Dank Hassan wurde der Laizismus nie zugelassen.«

Dem Kronprinzen verschaffte der alte König eine französische Kinderschwester, die als »sehr streng« geschildert wird. Später schrieb der junge Mohammed an der Hochschule von Sophia-Antiopolis bei Nizza eine Doktorarbeit über »Zusammenarbeit zwischen dem Maghreb und der EU«. Er spricht Arabisch, Französisch, Englisch und Spanisch. »Ich bin nicht er und er ist nicht ich«, pflegte Hassan II. über den späteren Mohammed VI. zu sagen. Der Vater hatte hinter den Mauern seines Palasts ein Leben geführt, in das kein Westler jemals Einblick erhielt. Wenn immer der König in den verborgenen Bereich heimkehrte, wechselte er aus dem 20. Jahrhundert in die bunte, raffinierte, grausame Welt von tausendundeiner Nacht zurück, in das Serail eines Despoten. Eine Frau, die es wissen muss, hat darüber geplaudert: Malika Oufkir, die Tochter von Hassans langjährigem Geheimdienstchef und Innenminister, der 1972 seinen Putsch gegen Hassan mit dem Leben bezahlte. In ihrem Buch erzählt sie von exquisiten Praktiken, die im Harem von Generation zu Generation weitergegeben werden, von »Feuer-Sklaven« als Zuchtmeistern, von Parfums und Baderitualen. Doch diese Welt bröckelte bereits. Ein ehemals enger Berater des Königs hatte sich mit angeblich siebzig Millionen Dollar aus dessen Schatulle nach Amerika abgesetzt. Er suchte Hassan von dort mit der Drohung zu erpressen, er werde rufschädigendes Material veröffentlichen. Die meisten Konkubinen hatten sich Mobiltelefone beschafft, obwohl eigentlich der König alle Kontakte aus dem Palast kontrollierte. Dass auch Hassans Sohn auf die Dauer den moralischen Spagat zwischen dem Dasein eines Weltmanns und dem eines Feudalherrn aus dem hohen Mittelalter zustande bringt, ist alles andere als sicher. Vielleicht ist Hassan gerade im rechten Augenblick gestorben.

Fällt der Sultan von Pferd, wird sein Wesir ein Bettler. Ein Blick zurück auf die Glanzzeit jenes Wesirs, des vormaligen Innenministers Driss Basri, lohnt sich. Zwar musste er sich in seine Villa und auf die Golfplätze des Landes zurückziehen, doch an seinem machtvollen Erbe werden die Marokkaner noch lange zu tragen haben. Von der hohen arabischen Kassettendecke der Villa in Rabat hängen Muranoleuchter in rosa, weiß und schwarz. Mohrenstatuen halten Bodenkandelaber. Vor europäische Sofas entlang der Wände hat der Hausherr zerbrechliche arabische Tischlein gestellt. An der Wand hängt ein monumentaler Koranspruch. Draußen auf dem Rasen stehen eine Kinderschaukel und ein Spielhäuschen: Maurisches Kalifornien ist der Stil, den die Begüterten der arabischen Welt am meisten schätzen. Ein junger Weimaraner Jagdhund läuft herein, streicht durch den Salon und geht wieder, als er merkt, dass sich nichts tut.

Wenn Basri, als er noch amtierte, ausländische Journalisten empfing, zog das Fernsehen Stunden vorher in seiner Villa auf. Um Youssoufis Gespräche mit Korrespondenten hingegen kümmerten sich die staatlichen Kameras nicht. Basri findet, dass ihn die Parteipolitiker zu Unrecht zum Sündenbock für ihre Misserfolge gestempelt haben. Er war zwanzig Jahre im Amt und rühmt sich, er habe als Innenminister »an der Spitze des

Fortschritts« gestanden. Von ihm seien die meisten Initiativen zur Liberalisierung ausgegangen. Zwei große Sozialkonflikte habe er noch im ersten Jahr Youssoufis ohne das Kabinett geregelt. Die Fluglinie Royal Air Maroc startete wieder, als Basri Gehaltsforderungen des streikenden Personals aus seinem Budget erfüllte. Arbeitslose Ärzte und Architekten, die stellvertretend für dreihunderttausend Jungakademiker ohne Job monatelang unter seinen Fenstern kampierten, übernahm er einfach in den Staatsdienst. Das leidige Thema der »Verschwundenen« – politische Häftlinge, die in den Kerkern zugrunde gingen – gab es für den Minister gar nicht. Nach seiner Zählung waren es in mehr als vier Jahrzehnten nur 112, »also zwei im Jahr«. Die meisten von ihnen seien überdies in Wahrheit Opfer von Kämpfen unter verfeindeten Clans oder Parteien gewesen. Insgesamt habe die marokkanische Monarchie ihre Sache nicht schlecht gemacht, resümiert Basri. Und in Anspielung auf andere arabische Regime fügt er hinzu: »Ohne Erdöl und ohne Einheitspartei.«

Islam mit weiblichem Gesicht: Die Tochter des Scheichs

Die junge Frau auf dem Diwan sucht nach dem richtigen Wort. »Jetzt habe ich es«, sagt sie mit fröhlichem Lächeln: »Eine ausgewaschene Despotie ist Marokko, eine Staatsgewalt ohne Geschmack, ohne Farbe, ohne Geruch!« Die Beine hochgezogen, sittsam verhüllt mit einem dunkelblauen Umhang und einem türkisfarbenen Kleid, sitzt sie auf arabische Art. Doch das Wohnzimmer von Nadia Yassine ist gemäßigt westlich eingerichtet. Sie lebt im ersten Stock eines bürgerlichen Wohnhauses in Sale bei Rabat, zwanzig Minuten zu Fuß von ihrem Vater Scheich Abdessalam Yassine entfernt, dem Führer der islamistischen Organisation Al-Adl wa al-Ihsan (Gerechtigkeit und Wohlverhalten). Und sie ist seine Sprecherin: Für viele Journalisten trägt der politische Islam in Marokko ein weibliches Gesicht.

Ein kleinerer Teil der Fundamentalisten ist mit der legalen Partei für Gerechtigkeit und Entwicklung im Parlament vertreten. »Die Islamisten seiner Majestät« wird dieser Flügel der Bewegung genannt. Auch sie haben schon beträchtliche Erfolge erzielt. »Bei den letzten Wahlen standen sie in Rabat, Casablanca und Tanger an der Spitze. Aber der Innenminister hat die Ergebnisse gedoktert«, sagt mehr als zwei Jahre danach ein Richter, der mit Überwachung der Abstimmung betraut war, zu *Le Monde*.

Doch viel größer ist die nicht zugelassene Bewegung Yassines. Mehrmals hat sie gezeigt, dass sie binnen 48 Stunden hunderttausende für Demonstrationen mobilisieren kann. »Es gibt nicht mehr das kleinste Nest in Marokko, in dem wir nicht Sympathisanten hätten«, versichert die Tochter des Scheichs. »Und ich garantiere Ihnen, wenn immer es soziale Forderungen in der staatlichen Verwaltung gibt, dann stecken nicht die Gewerkschaften dahinter. Es ist immer eine unserer Aktivistinnen oder einer unserer Aktivisten. Nicht im Namen der Bewegung, natürlich.«

»Korrigier mich bitte, wenn es nötig ist«, fordert sie eine Freundin auf, die neben ihr sitzt. Aber es ist nicht nötig. Die 38-jährige Nadia Yassine spricht perfektes Französisch mit nur einem Hauch von Akzent. Marokkanische Zeitungen behaupten, sie habe in Paris einen Universitätsabschluss in Politischen Wissenschaften erlangt. »Sie dürfen nicht glauben, was in unseren Medien steht. Ich war nie im Ausland«, dementiert sie.

Eine politische Partei will Al-Adl wa al-Ihsane nach ihren Worten nicht werden. »Auf gar keinen Fall!« Ihre dunklen Augen funkeln energisch. Ein Kopftuch in Pastellfarben verdeckt das Haar. Immer lächelt das faltenlose Gesicht mit dem gleichmäßig hellbraunen Teint liebenswürdig. »Wir würden unser Vertrauenskapital beim Volk verspielen. Das Volk misstraut den Parteien. Ihre Vertreter sind für das Volk Lügner.«

Auch an der Teilnahme an Wahlen ist die Bewegung nicht interessiert. »Wenn wir völlig freie und transparente Wahlen hätten, dann würde Marokko das algerische Drama drohen. Denn auch wir haben die gleichen Demokraten, die nach einer Niederlage die Macht nicht aus der Hand geben würden.« Außerdem ist Nadia Yassine überzeugt, dass bei einem Referendum heute hundert Prozent der Marokkaner, die nichts anderes kennen, für die Monarchie stimmen würden. Sie hat »persönlich gar nichts gegen Mohammed VI.«, der am Anfang viel guten Willen gezeigt habe. »Aber jetzt lässt er die idealistische Phase hinter sich und landet auf dem Boden der Realität. Er beginnt zu erkennen, dass er am System des *Makhsen* (des Machtgeflechts um den Palast) überhaupt nichts ändern kann.«

Eine von vier Töchtern kommt aus der Schule nach Hause und zieht im Vorraum ihre Schuhe aus. Die älteste Tochter Nadia Yassines ist zwanzig, die jüngste gerade vier. Ihr Mann war zwei Jahre im Gefängnis und zehn Jahre vom Staatsdienst suspendiert. In diesem Frühling konnte er seine Tätigkeit wieder aufnehmen. Wenn seine Frau Besucher hat, bringt meistens er den Tee. Diesmal tut es eine Freundin. Aber er beteiligt sich dennoch nur verhalten am Gespräch.

Die Bewegung Yassines ist nach dem Modell der ursprünglich ägyptischen Muslimbrüder organisiert: Die kleinste Einheit ist eine »Familie« mit höchstens zehn Mitgliedern; sie versammelt sich einmal in der Woche. Hundert Familien bilden einen »Zweig«, zehn Zweige eine Region. An der Spitze steht landesweit eine *Schura*, eine Versammlung mit 120 Mitgliedern. Ihre Existenz wurde zehn Jahre lang geheim gehalten. Wer ihr angehört, wird auch jetzt nicht mitgeteilt. »Man muss es nicht übertreiben«, sagt die Tochter des

Scheichs. »Wir sind nicht in den USA, sondern in Marokko. Einer halben Demokratie müssen wir uns mit einem halben Geheimnis anpassen.«

Nach allen Versicherungen führender Mitglieder hat sich Al-Adl wa al-Ihsane zur Gewaltlosigkeit verpflichtet. »Keine politische Bewegung mit einem politischen Programm, sondern ein Gesellschaftsprojekt« – so beschreibt die Tochter des Vordenkers die Bewegung. Konkret schlägt Abdessalam Yassine einen »islamischen Pakt« vor. Darin sollten sich alle politischen Kräfte und selbstverständlich auch die Islamisten zusammenschließen, um über die drückenden Probleme des Landes nachzudenken. Schwierige Einzelheiten würden die Islamisten dabei anderen überlassen. »Lösungen sind nicht unsere Aufgabe. Die hätten die Technokraten zu liefern. Wir sind das Gewissen«, definiert Nadia Yassine die Kompetenzverteilung. Immerhin bleibt sie realistisch: »Der Lebensstandard Amerikas oder Kuweits kann nicht weltweit erreicht werden. Wir müssen uns vom Konsummodell lösen. Es widerspricht der Menschenwürde.«

Aber so harmonisch verlaufen die Dinge in der Praxis nicht. Auf eine Frage von Abgeordneten einer legalen islamistischen Partei hatte Innenminister Ahmed Midaoui nach Aufhebung des Hausarrestes im Parlament erwidert, Yassine könne ausgehen, wann er wolle, und empfangen, wen er wolle. Jeder Marokkaner kennt den Scheich, obwohl es von ihm nur wenige Fotos gibt. Islamisten bestreiten, dass Yassine die Aufhebung des Hausarrests mit Konzessionen erkauft habe, deren wichtigste die Anerkennung der Stellung des Königs als religiösem Führer des Landes wäre.

Noch im Arrest hatte Yassine Aufsehen erregt, als er Mohammed VI. in einem 35 Seiten langen »Memorandum« aufforderte, dem marokkanischen Volk das »sagenhafte Vermögen« seines Vaters zurückzugeben und die im Ausland befindlichen Milliarden zur Tilgung der Schulden des Landes sowie zur Lösung der sozialen Probleme zu verwenden. Nach einem Appell von Adl wa Ihsane und anderer Islamistengruppen demonstrierten etwa eine halbe Million Menschen für die Erhaltung traditioneller Lebensformen und gegen eine von der sozialistisch geführten Regierung geplante Reform des Familienrechts zur Besserstellung der Frauen.

Bereits den Vater des jetzigen Herrschers, König Hassan II., hatte Yassine mit seiner Schrift »Der Islam oder die Sintflut« frontal herausgefordert. In ironischer Anspielung darauf, dass sich das Königshaus auf direkte Abstammung von Mohammed beruft, sprach der Scheich darin den Monarchen respektlos mit »lieber Neffe des Propheten« an. Die Folge für Yassine waren 15 Jahre Gefängnis, psychiatrische Anstalt und Hausarrest. Eine erste Lockerung des Arrests im Jahre 1996 hatte nur 48 Stunden gedauert, denn der Scheich hielt alsbald eine Predigt, die das Regime als aufrührerisch betrachtete. Eine rechtliche Grundlage für den Arrest gab es nicht. Dass Yassine während des erzwungenen Privatierlebens nicht stimmlos blieb, dafür sorgte seine Sprecherin und Tochter Nadia.

Die regierenden Sozialisten sind prinzipielle

Gegner des religiösen Fundamentalismus. Doch die entschiedene Opposition der Islamisten ist ihnen besonders unangenehm. Sie selber haben ihren Frieden mit der Monarchie gemacht, mussten aber in ihrer Regierungszeit viele Hoffnungen enttäuschen. Die ungeschminkte Behandlung der sozialen Realität durch die Fundamentalisten entspricht dagegen weitgehend einer verbreiteten Unzufriedenheit.

Der Staat bin (immer noch) ich: Im »Makhsen« nichts Neues

Am Anfang mochte er es gar nicht, dass man ihm die Hand küsste. König Mohammed VI. zuckte nach seiner Thronbesteigung im Sommer 1999 verlegen zurück, wenn Würdenträger vor ihm in die Knie gingen. Zwei Jahre danach hatte der inzwischen 39-jährige Monarch diese Scheu längst hinter sich gelassen. Als er in Tanger das »Fest des Thrones« zelebrierte, bereitete es ihm keine Pein mehr, dass zwei Dutzend neu ernannte oder beförderte Generäle die traditionelle Devotionsgeste machten. Wer sich im Einklang fühlt mit den Vorlieben des Königs für modische Kleidung, Popkultur und Mobilität, wer in Marokko noch immer auf Reformen hofft, nennt ihn weiterhin mit Wohlwollen »M 6«. Andere sehen, entweder mit Erleichterung oder mit wachsender Enttäuschung, dass sich an den gewohnten Machtstrukturen nichts geändert hat. Mohammed selber will beides sein: »M 6« *und* König von Gottes Gnaden. Durch seinen offiziellen Titel Befehlshaber der Gläubigen (Amir al-Muminin), erhebt er den Anspruch, eine Art sakraler Figur zu sein.

Zum Thronfest ernennt der König alljährlich Würdenträger. Zu den wichtigsten unter ihnen gehören neue Provinzgouverneure, die nicht mehr aus dem Apparat des diskreditierten früheren Innenministers seines Vaters, Driss Basri, stammen. Jahrzehntelang war Basri Marokkos graue Eminenz. Er leitete den lückenlosen Kontrollapparat und drangsalierte die Opposition. Als Basri abgesetzt war, sagte Mohammed: »Es gibt in Marokko keinen einzigen politischen Gefangenen mehr.« Der König gab diese Versicherung in einem Interview mit der in London erscheinenden arabischen Zeitung *Schark al-Aussat*. Dies war nach einem Gespräch mit dem amerikanischen Magazin *Time* erst sein zweiter Pressekontakt. Überlebende aus den Kerkern seines Vaters erhalten inzwischen die versprochene Entschädigung.

Doch noch immer regelt der König alle wichtigen Fragen durch *Dahir* (Dekret). Die Regierung wird damit nicht befasst. Zu Beginn seines Regnums ließ sich Mohammed VI. gern »König der Armen« nennen und bei der Verteilung von Lebensmittelpäckchen fotografieren. Die Häufigkeit solcher Gesten – und ihre Überzeugungskraft – haben erheblich nachgelassen. Denn Arbeitslosigkeit und Massenelend bleiben unverändert, bei steigender Tendenz. Das alte Märchen, dass sich allein durch den Wechsel von einem bösen zu einem guten König alles ändern werde, ist wieder einmal nicht in Erfüllung gegangen. Mohammed hat es nicht erdacht. Aber er ist dieser Legende, so lange sie ihm half, auch nicht entgegengetreten.

Das Wort *Makhsen* bezeichnet nach überliefertem marokkanischen Verständnis den Herrschaftsbereich des Sultans: seine Paläste und deren Bewohner, die städtische Wirtschaft, den persönlichen Landbesitz des Monarchen und seiner Familie. Das früher schwer zugängliche Land der Berge und der Stämme Marokkos lag draußen und war nicht *Makhsen*. Im modernen Königreich wird das Geflecht von Machtstrukturen, Familienbeziehungen und wirtschaftlichem Entscheidungspotenzial, das den Palast umgibt, *Makhsen* genannt. Kaum jemand durchschaut es, niemand kontrolliert es. Was aus dem *Makhsen* kommt, hat auch unter »M 6« mehr Gewicht als das Wort der Regierung oder das Votum des Parlaments.

In die europäischen Sprachen ist *Makhsen* als das arabische Lehnwort »Magazin« eingegangen, das Lager für Vorräte und wertvolle Güter. Es war deshalb ein geschicktes Wortspiel, als der Führer der radikalen Islamisten, Scheich Yassine, den jungen König zu Beginn seines Regnums aufforderte, den *Makhsen* seines Vaters zu öffnen: Das heißt sowohl, den Herrschaftsapparat von Hassan II. zu entflechten, als auch dessen viele Milliarden Dollar umfassendes Vermögen für die Entwicklung des Landes zu verwenden. Mohammed hat nichts davon getan. In Marrakesch lässt er sich sogar ein neues Schloss bauen, obwohl er dort wie in allen Städten des Landes die maurischen Paläste seines Vaters geerbt hat. Wäre nicht Maroc Télécom für 2,4 Milliarden Euro an die französische Vivendi verkauft worden, so hätte sich im Jahr 2001 in der Staatskasse nicht einmal genug Geld befunden, um den aufgeblähten Beamtenapparat zu bezahlen.

Es ist bezeichnend, dass sich schlagende Kritik an den Verhältnissen in Wortspielen äußert, nicht in Programmen der Opposition. *Makhsen* ist dafür nur ein Beispiel. Der beliebteste Humorist des Landes, Bsis, nennt den König wegen dessen Vorliebe für Wassersport nicht »Majesté« – sondern

»Ma-Jet-Ski«. Weil Majestät gern unterwegs sind, ist auch der Spitzname »Al-Dschawal« beliebt: so heißt eine Karte für Mobiltelefone. Der »Caroline-von-Monaco-Effekt«, von dem der König nach einem Wort des französischen Orientalisten Bruno Etienne profitierte, ist im Abklingen. Mit klaren Worten sprach fast nur ein Vetter des Königs, Moulay Hischam, aus, was viele denken. In Interviews mit französischen und spanischen Zeitungen warnte der »Rote Prinz« vor »verpassten Gelegenheiten, politischer Lähmung, grassierender Enttäuschung«. Der Zustand, in dem der König wenig tut und die Regierung gar nichts, bedeutet für Moulay Hischam »tödliches Abwarten«.

Selber bekannte der Monarch in dem erwähnten Interview mit der arabischen Zeitung aus London freimütig: »Ich weiß, dass die Marokkaner nicht glücklich sind – und das ist noch ein Euphemismus.« Aber er fand gleichwohl, dass ihn eine »gewisse Presse« im In- und Ausland dafür zu heftig attackiere. Es wird nach den Worten des Königs auch in Zukunft dabei bleiben, dass die fünf wichtigsten Ressorts (Inneres, Äußeres, Verteidigung, Justiz und religiöse Angelegenheiten) als so genannte Souveränitätsministerien mit seinen Vertrauensleuten besetzt werden, nicht durch Regierung und Parlament.

Postum konnte Mohammed VI. auch »einen Sieg für meinen Vater, Gott sei seiner Seele gnädig« melden. Die Zufriedenheit gilt den jüngsten Entscheidungen des Weltsicherheitsrates zum Konflikt um die Westsahara. Sie sind für Marokko sehr günstig. Das oft verschobene Referendum über Unabhängigkeit oder den international anerkannten Anschluss an das Königreich wird wohl nie gehalten werden. Stattdessen soll das ehemals spanische Territorium, das von Marokko 1976 annektiert wurde, weitgehende Autonomie erhalten. Eine Regionalexekutive, in der die Befreiungsbewegung Polisario auf Grund der UNO-Wahllisten gewisse Chancen hat, soll für alles außer Außenpolitik und Verteidigung zuständig sein. Vorgesehen ist freilich auch, dass das Regionalparlament nach marokkanischen Listen gewählt wird. Und wenn im fünften Jahr einer solchen Autonomie ein Volksentscheid über das endgültige Schicksal der Westsahara stattfindet, dann werden alle stimmberechtigt sei, die länger als ein Jahr anwesend sind: Marokkaner, falsche Sahrauis und sogar die Minderheit der echten. Gegen den UNO-Plan sind nur die Polisario und ihre Schutzmacht Algerien.

Vierzigtausendmal Kleine Freiheit: Das Journal »Le Journal«

Wenn immer in Marokko von unabhängiger Presse die Rede ist, wird an erster Stelle das Wochenblatt *Le Journal* genannt: Es informiert intelligente Leser gut, ist kritisch, wagt sich an Tabus heran und besteht nicht überwiegend aus Worthülsen wie die Mehrzahl der Zeitungen im Königreich, die sich während Jahrzehnten eines autoritären Regimes ihre eigene Art von Gefälligkeitsjournalismus gegenüber politisch oder wirtschaftlich Mächtigen antrainiert haben. Der erst 35-jährige Aboubakr Jamaï hat für seine professionell gemachte Zeitung (und ihr arabischsprachiges Gegenstück *Assahifa*) in nur drei Jahren hohes Ansehen errungen, auch im Ausland.

Leider stellen sich viele Marokkaner die Frage, ob dieses Lob nicht bald in der Vergangenheit formuliert werden muss. Denn das Journal, bereits einmal verboten, ist in seinem Fortbestand bedroht. Erstmals hatte Jamaï im April 2000 bei der Obrigkeit schweren Anstoß erregt. Er brachte ein Interview mit dem Polisariochef Mohamed Abdelaziz. Noch dazu machte er dessen Foto zum bunten Titelbild. *Le Journal* schrieb keineswegs, Marokkos König Mohammed VI. solle der Polisario die Westsahara übereignen. »Wir fanden nur, dass die Art wie unsere Verantwortlichen dieses Problem behandeln, katastrophal und kontraproduktiv ist«, sagte Jamaï damals.

Doch die Polisario ist nach offizieller Lesart eine terroristische Organisation, und erstmals durfte eine Nummer des Journal – das vorsichtshalber schon seit Monaten in Frankreich gedruckt wurde – nicht nach Marokko eingeführt werden. Auch *Assahifa* wurde zensiert, obwohl das Polisariointerview in der arabischen Version des *Journal* gar nicht enthalten war. Der sozialistische Premierminister Youssoufi zeichnete verantwortlich für die Beschlagnahme.

Der nächste Akt der Auseinandersetzung verlief dramatischer. Weil das *Journal* »die heiligsten institutionellen Fundamente des Landes« angegriffen hatte – so der Informationsminister – fiel im Dezember 2000 die Guillotine eines Verbotes, angeblich für immer. Wie auch das gleichzeitig verbotene Wochenblatt *Demain* hatten Jamaïs Zeitungen Enthüllungen eines alten Sozialisten wiedergegeben, laut denen dessen Partei und speziell Youssoufi im Jahr 1972 den Putsch des Generals Oufkir unterstützt hätten, der auf das Leben Hassans II., des Vaters des jetzigen Königs, zielte. Der Premierminister behauptete, er habe sich durch den Artikel keineswegs persönlich beleidigt gefühlt. Er fand nur, der Beschuss von »Monarchie und Armee« sei unerträglich geworden.

Glücklicherweise dauerte das ewige Verbot nur einen Monat. Schon im Januar 2001 bekam Jamaï, der in Hungerstreik getreten war, angesichts eines allgemeinen Aufschreis die Lizenz für zwei neue Zeitungen: *Le Journal hebdomadaire* und *Assahife al Ousbouia,* beides reine Klone der verbotenen Blätter. »Ein Sieg für Marokko und die

Marokkaner«, triumphierte der elegante Chefredakteur, den das Fasten nur drahtiger gemacht hatte. »Ich hoffe, dies bedeutet eine Veränderung des repressiven Klimas, das sich auszubreiten begann.«

Er hatte sich zu früh gefreut. Das Regime hatte noch andere Pfeile im Köcher. Alsbald hatten Jamaï und sein Verlagsdirektor Ali Ammar ein Urteil wegen Verleumdung am Hals, weil *Le Journal* Außenminister Mohamed Benaissa beschuldigt hatte, er habe Mitte der neunziger Jahre als marokkanischer Botschafter in Washington öffentliche Mittel für sich abgezweigt. Dies war freilich schon 1999 in beiden Blättern zu lesen gewesen. Aber das Urteil wurde, politisch korrekt, im März gefällt: zwei Monate Gefängnis für Jamaï, drei Monate für Ammar, zweihunderttausend Euro Geldstrafe für die Zeitungen.

Jamaï ist kein Mann, der leicht aufgibt. Sowohl von der Presse als auch vom Geld versteht er etwas. Mit Zeitungen ist er groß geworden, denn sein Vater ist der Doyen des marokkanischen Journalismus. Selber hat er das Bankfach erlernt, war an der Gründung einer Bank beteiligt, verkaufte seine Anteile später wieder und errichtete damit im Sommer 1997 den Verlag Mediatrust in Casablanca. Dort erscheinen die beiden Blätter. Er und sechzig Mitarbeiter, unter ihnen zehn Journalisten, bezogen ein ultramodernes Bürogebäude in der Nähe der Börse. Noch als Chefredakteur machte Jamaï, der inzwischen landesweit unter seinem Spitznamen »Boubker« bekannt ist, einen Master in Betriebswirtschaft in Oxford.

Für die Gefängnisstrafe konnte Boubker in die Berufung gehen. Aber die Geldbuße wurde rasch fällig, und zweihunderttausend Euro hatte er nicht. Ja, seine Chancen, mit seinen Zeitungen Geld zu verdienen, haben sich gerade wegen deren Unabhängigkeit drastisch verschlechtert. Andere marokkanische Blätter hängen am finanziellen Tropfhahn von Parteien, wenn sie nicht von diskreten Zuwendungen aus der königlichen Schatulle leben. *Le Journal* nicht.

Dabei ist Jamaï nicht ohne Verbindungen. Seine Mutter arbeitete lange Zeit im Palast. Der Palastsprecher Hassan Aourid, der selten spricht und schon gar nicht mit Journalisten, schrieb sogar gelegentlich für *Le Journal*. Es heißt, dieser Jugendgefährte des Königs und der Monarch selber hätten lange Zeit ihre schützende Hand über Jamaïs Zeitungen gehalten. Ob dieses Vertrauenskapital erschöpft ist oder ob der Druck der Staatsgewalt die strategische Hinterabsicht verfolgt, sich die lästige Stimme mit ihrem hohen Prestige gefügiger zu machen, ist von außen nicht zu entscheiden.

Sicher ist indessen, dass vierzigtausend wöchentliche Exemplare für *Le Journal* und fünfzigtausend für *Assahifa* nicht zum Überleben ausreichen. Ohne genügend Annoncen geht es nicht. Aber die kommen in Marokko überwiegend von staatlichen oder halbstaatlichen Auftraggebern. Angeblich sind die Anzeigeneinnahmen von *Le Journal* als Folge der politischen Querelen um achtzig Prozent gefallen. Freunde von Boubker haben in Marokko und Frankreich eine Subskription aufgelegt. Aus dem Ergebnis soll, mit Glück, sowohl die Strafe beglichen als auch das weitere Erscheinen der besten journalistischen Stimme des Königreichs ermöglicht werden.

Dissident im Königshaus: Der »Rote Prinz« muss ins Exil

Er wäre gern Prinzregent von Marokko geworden. Doch Moulay Hischam, der als Cousin von König Mohammed VI. protokollarisch zweiter in der Thronfolge wäre, musste nach New Jersey ins Exil. »Die Institution der Monarchie wird heute schlecht geführt«, schrieb er in seiner Abschiedserklärung. »Die königliche Familie auch.« Weil Hischam aus seiner Opposition gegen den Herrschaftsstil seines Vetters und seiner Enttäuschung über das Ausbleiben von Reformen nie ein Hehl gemacht hat, wird er in seiner Heimat der »Rote Prinz« genannt.

Schon seit über einem Jahr hatte er Hausverbot im Palast und durfte sich dem Monarchen nicht mehr nähern. Wenn er an Feiertagen gleichzeitig mit seinem Vetter in der Großen Moschee von Rabat betete, schaute der König demonstrativ an ihm vorbei. Erstmals hatte Hischam bereits 1995, während er im amerikanischen Princeton studierte, durch einen Aufsatz in *Le Monde diplomatique* Aufsehen erregt. »Nicht ein einziges demokratisches Regime, nicht einen einzigen Rechtsstaat gibt es in der arabischen Welt«, klagte er damals. In einem zweiten Artikel befasste sich der Prinz unmittelbar mit der Heimat. Welche »notwendigen Anpassungen«, so fragte er, werde die Monarchie angesichts von Korruption und sozialen Ungleichheiten vollziehen?

Hischam, der im Jahr 2003 vierzig Jahre alt wird, ist nur wenige Monate jünger als der König. Doch im Gegensatz zu diesem ist Moulay extrovertiert und weltläufig. Er ging nicht auf die Palastschule wie alle Prinzen und Prinzessinnen, sondern auf das amerikanische College in Rabat. Nicht nur das hat ihn geprägt und merkbar von der Familie abgehoben. Seine Mutter war eine Tochter des libanesischen Nationalistenführers und ersten Premierministers der Unabhängigkeit, Riad Solh. Der Prinz steht gut mit UNO-Generalsekretär Kofi Annan. Im Kosovo war er an der Seite des Franzosen Bernard Kouchner Berater für Minderheitsfragen und Menschenrechte. Als Hischam sich einmal während eines Staatsbesuchs seines Onkels König Hassan II. in Saudi-Arabien von diesem brüskiert fühlte, hielt er nicht still wie andere Prinzen dies getan hätten. Moulay flog in einem Sonderflugzeug nach Hause – das ihm sein Cousin von Mutterseite, der steinreiche saudische Prinz Walid Ibn Talal, zur Verfügung stellte.

Dem Dissidenten aus Königsfamilie wird nachgesagt, er habe seinem Cousin Mohammed das Zeug zum Herrscher nicht zugetraut. Vor dem Pariser Institut für Internationale Beziehungen plädierte Hischam für einen »monarchischen Familienpakt«. Offenbar hoffte er, ein solches Bündnis würde den Fähigsten zum Souverän kooptieren – nach seiner eigenen Einschätzung: ihn. Als daraus nichts wurde und Mohammed sein Image als »M 6«, Idol der Jugend und Freund der Armen, aufbaute, nutzte Hischam für seine Kritik jede journalistische Tribüne. Selber kontrolliert oder unterstützt er mehrere fortschrittliche Blätter Marokkos. Wirksamere Verstärker waren jedoch ausländische Publikationen.

Die französische Zeitung *Le Monde* setzte einen Beitrag Hischams mit dem Titel »Tödliches Abwarten in Marokko« auf die erste Seite. »Seit vielen Jahren wartet unser Volk, wartet besonders die Jugend ungeduldig auf die unerlässlichen Reformen«, monierte er. »Aber keine unserer traditionellen Institutionen, weder das Parlament, noch die politischen Parteien, noch die Monarchie hat ernsthaft die notwenige Arbeit der Erneuerung angefasst.« Von »Autoritätsdefizit«, »Lähmung der Macht« und »Enttäuschung« bei den Untertanen war die Rede. Dem Madrider *El País* sagte er: »Das Land weiß wirklich nicht, in welche Richtung es sich bewegt.« Fleckenlos ist der demokratische Ruf des »Roten Prinzen« freilich nicht. Er gilt als selbstherrlich und aufgelegt zu grausamen Späßen.

Allmählich wurde es einsam um Hischam. Denn im scherifischen Königreich ist es auch für Hoheiten unbekömmlich, sich mit der Krone anzulegen. Ohne Erfolg beschwerte er sich beim Innenminister über Schikanen durch die Polizei sowie Bespitzelung. Als in der Folge der Attentate vom 11. September der Anthrax-Schreck umging, hatte auch der Partner eines prominenten jüdischen Geschäftsmannes in Marokko einen Umschlag mit weißem Juxpulver erhalten. Der Adressat war ein Studienfreund Hischams aus Princeton. Empört bezeichnete der »Rote Prinz« den Vorgang als finstere Kabale, dazu bestimmt, ihn zu diskreditieren. Zuletzt verdächtigte laut

Presseberichten der marokkanische Geheimdienst den Prinzen, er sei zusammen mit Offizieren in ein Komplott verwickelt. Ziel der Verschwörung war angeblich: Für Moulay Hischam – mangels Königsthron – ein Emirat in der Westsahara zu errichten.

Bogart lebt: Rick's Café américain

Erst war die Stadt, dann der Film, später die Legende und schließlich das Café: Casablanca. Wer die Idee hatte, am Rande der Medina Rick's Café américain nachzubauen, ist nicht übermittelt. Auf einem altmodischen Kleiderständer gleich hinter der Tür hängen Humphrey Bogarts Trenchcoat und Filzhut, daneben ein Kepi und die helle Uniformjacke, wie sie Capitaine Renault gleich anderen französischen Kolonialoffizieren der vierziger Jahre getragen hätte – sowie ein Fez. Vestimentär entspricht letzterer genau den Nebenrollen, welche die Marokkaner schon im Film spielten. In einer Ecke stehen altmodische Projektoren und Scheinwerfer.

Wenn ein Gast seine Begleiterin damit erfreuen will, dass er mit ihr am virtuellen Ort der Handlung Szenen aus der Romanze des Kinoliebespaares Bogart-Bergman nachspielt, bestellt er zuerst zwei Cocktails, am besten Rick's Blue Moon, Ingrid's Pearl oder Humph's Squirrel. Dann spricht er mit belegter Bogey-Stimme: »Here's looking at you, Kid!« Oder, falls er zufällig die deutsche Version des Films gesehen hat, viel weniger weltmännisch und wirkungsvoll: »Ich schau dir in die Augen, Kleines!« Die Getränkekarten gehen für 45 Dirham (rund fünf Euro) als Souvenir gut weg.

Ein Schwarzer im weißen Smoking spielt zugleich »Sam«, den Pianisten aus Casablanca, und

Klavier. Derzeit ist dafür der Amerikaner Lennie Bluett engagiert. Manchmal rückt er zur Seite, damit sich Touristen für eine Aufnahme an den Flügel setzen können. Hintergrund ist ein großes Plakat mit der lapidaren Aufschrift »Humphrey Bogart – Casablanca«. Künstlich vergilbte Standfotos und Plakate dekorieren auch alle anderen Wände. Wenn Sam nicht mindestens einmal in der Stunde »As Time Goes By« anschlägt, wird das Publikum unruhig.

Als das Café vor einigen Jahren eröffnet wurde, wollte man es noch echter haben als im Kino. Den Trenchcoat und den Filzhut trug damals der Barmann hinter der Theke. Die Kellner servierten in den kurzen Pelerinen französischer Flics von einst, das Kepi auf dem Kopf. Von solchen Übertreibungen ist man abgerückt. Auch heißt der Laden nicht mehr »Rick's American Café«, sondern inzwischen »Bar Casablanca«. Es soll Schwierigkeiten mit dem Urheberrecht gegeben haben.

Übrigens hätte im Marokko der vierziger Jahre eine Agenten-Gestapo-Geschichte wie sie Bogart, Bergman, Claude Rains, Conrad Veidt und Peter Lorre darstellen, viel eher nach Tanger gepasst als in die stocknüchterne Handelsmetropole Marokkos. Aber als Filmtitel glitzerte »Casablanca« romantischer.

Kriegsgefangen seit 25 Jahren: Der vergessene Krieg um die Westsahara

Ahmed Ben Boubker, Jagdpilot der königlich marokkanischen Luftwaffe, steuerte seine F5 durch den makellos blauen Winterhimmel über der Sahara. Der Westsahara, die von Marokko nach ihrer Entlassung aus spanischer Kolonialherrschaft annektiert wurde und von der Befreiungsfront Polisario als souveräner Staat beansprucht wird. Weder Ben Boubker noch seine Vorgesetzten hatten damit gerechnet, dass die Russen den befreundeten Algeriern Sam 6-Raketen liefern würden oder dass die Algerier diese moderne Flugabwehrwaffe an ihre Polisario-Schützlinge weitergeben könnten. Aber genau dies war geschehen.

Eine sowjetische Sam 6 traf die amerikanische F5 über dem Wüstennest Tfariti, nur zehn Kilometer von der Grenze zu Mauretanien entfernt. Einige Tage danach erschien eine Abordnung marokkanischer Offiziere bei Ben Boubkers Frau Latifa und eröffnete ihr, sie sei Witwe. Der Totenschein eines Hospitals in Algier, wohin man den verletzten Piloten gebracht hatte, lag vor. Latifa hüllte sich in Trauer. Doch der Totgeglaubte lebte. Vier Monate später interviewte ihn ein Reporter des französischen Senders *France Inter* in einem algerischen Militärgefängnis. Bis heute ist ungeklärt, ob eine Verwechslung vorlag, ein Missverständnis oder ein makabrer Scherz, den der Geheimdienst Algeriens den marokkanischen Feinden spielte.

All das geschah zu Anfang des Jahres 1976. Mehr als ein Vierteljahrhundert später ist Ahmed Ben Boubker noch immer Kriegsgefangener bei der Polisario. Wie eineinhalbtausend andere marokkanische Soldaten ist er ein vergessenes Opfer eines vergessenen Krieges. Sie vegetieren in den Polisario-Lagern nahe dem algerischen Tindouf. Die meisten von ihnen sind nicht einmal bewacht, denn durch die Wüste könnten sie ohnehin nicht davonlaufen. Ihre durchschnittliche Internierungszeit beträgt nach Mitteilung des Komitees vom Internationalen Roten Kreuz (CICR) bereits 17 Jahre. Mehr als dreihundert sind seit über zwanzig Jahren gefangen, einige sogar so lange wie Ben Boubker. Viele marokkanische Gefangene sind inzwischen mehr als sechzig Jahre alt.

Für die Polisario sind sie ein politisches Faustpfand gegenüber Marokko, heute fast das einzige. Sie sollen erst freikommen, wenn Marokko die mit der UNO vereinbarte Volksabstimmung über die Zukunft der umstrittenen Gebiete abhält. Von 1981 bis 1986 konnten die Gefangenen ihren Angehörigen nicht einmal schreiben. Sie konnten schon. Aber nur auf Papier mit Polisario-Briefkopf und solche Briefe akzeptierten wiederum die marokkanischen Behörden nicht. Sie hätten in der Entgegennahme solcher bescheidenen Hoheitssymbole einen Akt der politischen Anerkennung für die Rebellen gesehen. Nur in seltenen, günstigen Fällen konnten die Familien sichere Kunde über ihre Vermissten von ausländischen Journalisten erhalten, die aus Polisario-Lager berichteten. Noch immer müssen Briefe und Pakete in der Obhut des Roten Kreuzes den langen Umweg über Tunis und Algier machen, wo sie zensiert und durchsucht werden. Normale Laufzeit: Zwischen vier und neun Monaten. Dabei fehlt den Gefangenen alles, Medikamente, Brillen, Kleidung, Bücher.

Nur 195 Marokkaner wurden in den vergangenen Jahren von der Polisario entlassen, die meisten von ihnen krank, alt, menschliche Wracks. Im Frühling des Jahres 2000 konnten 186 Marokkaner heimkehren. Von ihnen waren 83 theoretisch bereits im April 1997 freigelassen worden, mussten aber drei weitere Jahre ausharren. Denn auch Marokko missbraucht die Gefangenen als politisches Druckmittel. Da Rabat seinerseits 1996 alle kriegsgefangenen Polisario-Kämpfer freiließ, widersetzt sich die marokkanische Regierung einer Freilassung ihrer Landsleute »auf Raten«.

Die Aussicht, dass die Streitaxt bald im Wüstensand begraben wird, schwindet immer mehr. Seit 1991 besteht Waffenruhe zwischen der Polisario und Marokko. Militärisch war der Konflikt schon entschieden, als die Marokkaner während der achtziger Jahre ihren zweitausend Kilometer langen, elektronisch geschützten Sandwall um den so genannten nützlichen Teil der Sahara errichtet hatten. Dahinter liegen Phosphatbergwerke, Häfen und alle Siedlungen, auf der Polisario-Seite bloß ein menschenleeres Grenzgebiet. Zu mehr als Nadelstichen wäre die Befreiungsbewegung seither nicht mehr in der Lage.

Parallel zum Waffenstillstand nahm eine UNO-Mission für die Westsahara (Minurso) ihre Arbeit auf. Doch die politische Lösung durch das Referendum, die sie vorbereiten sollte, steht aus. Die Registrierung der stimmberechtigten Saharabewohner durch UNO-Kontrolleure wurde zu einer Arbeit, gegen die sich sogar der legendäre Sisyphus gesträubt hätte. Sie hätte am 30. Juni 1994 abgeschlossen sein sollen. Die Volksabstimmung wurde für 14. Februar 1995 angesetzt. Sie musste jedoch immer wieder verschoben werden. Seit Beginn des Jahres 2000 zählen die Minurso-Leute nicht einmal mehr.

Vom einstigen Wüstenkrieg sind Marokko und die Polisario zum »Krieg der Listen« übergegangen. Er geht um die Frage: Wer ist ein Sahraui? Historisch ist die Westsahara das Wohn- und Wandergebiet von vier Stammesverbänden, der Regibet, Tekna, Makil und Uled Delim. Beim letzten Zensus unter spanischer Herrschaft wurden 1974 rund achtzigtausend Menschen gezählt, nicht gerechnet Nomaden oder jene Sahraui, die unter den Spaniern nach Mauretanien oder Marokko gegangen waren. Dem UNO-Sonderbotschafter James Baker, ehemals Außenminister der USA, ist es nie gelungen, die »marokkanische Liste« und die »Tindouf-Liste«, genannt nach dem Regierungssitz der Sahraui-Republik, unter einen Hut zu bringen. Seither werden Chancen für Teilungspläne sondiert, die aus der Sackgasse führen könnten, oder Projekte für eine Autonomie unter marokkanischer Souveränität.

Als Ahmed Ben Boubker abgeschossen wurde, war er seit zwei Jahren verheiratet. Seine Frau Latifa war 22 Jahre alt. Sie hatten eine einjährige Tochter, Narjis. Auf einem der letzten Familienbilder hält der Pilot seine kleine Tochter auf dem Arm. Es sieht leider so aus, als müsste er noch lange warten, bis er Narjis, inzwischen 27-jährig, wieder sieht.

Hochzeit beim Enkel des Propheten: Mohammed VI. und seine Beinahe-Königin

Man hatte ihn schon einmal als verheiratet gemeldet: Als König Mohammed VI. von Marokko nach dem Tod seines Vaters Hassan II. im Juli 1999 den Thron bestieg, hieß es aus palastnahen Quellen, der Nachfolger sei sofort und in aller Stille in den Stand der Ehe getreten, »um marokkanischer und islamischer Sitte gerecht zu werden«. Der Name der Braut wurde freilich nicht genannt. Er konnte auch nicht genannt werden, denn die Geschichte stimmte nicht.

Nun hat der König, inzwischen in dem für einen muslimischen Standesherren fortgeschrittenen Alter von 38 Jahren, tatsächlich geheiratet. Die Auserwählte kannte man bereits seit mehreren Monaten: Sie ist die 24-jährige Informatikingenieurin Salma Bennani. Von der Zeremonie des Abschlusses eines Ehevertrags sah die Öffentlichkeit nichts. Sie erfolgte unter strikter Intimität im Palast von Rabat. Anwesend waren neben den Trauzeugen zwei islamische Schriftgelehrte, die die Eheschließung beurkundeten. Ein dreitägiges Fest, das den Ansprüchen des Publikums an eine Fürstenhochzeit entspricht, sollte im April 2002 in Marrakesch stattfinden. Doch daraus wurde zunächst nichts. Als die palästinensische Intifada in ihre blutigste Phase trat, wollte der König von öffentlichen Lustbarkeiten nichts mehr wissen. Sie hätten seinem Ansehen beim Volk auch nicht gut getan. Erst im Sommer wurde die Feier mit allem gebührenden Prunk nachgeholt.

Salma Bennani wird nicht Königin. »Die Frage stellt sich nicht, wenigstens nicht in Marokko«, sagte der Monarch der Illustrierten *Paris Match*. »Im Islam gibt es keine Königin.« Mohammeds Mutter Lalla Latifa, eine Berberin aus Chenifra, wurde in Verlautbarungen stets als »Mutter der Prinzen« bezeichnet. Sie nahm weder in Marokko an Staatsakten teil, noch begleitete sie den König jemals auf Auslandsreisen. Bilder von ihr sind nicht bekannt. Für protokollarische Aufgaben war »die Frau neben dem König« gewöhnlich seine Schwester, Prinzessin Lalla Meriem.

Mit Spannung wird deshalb erwartet, welche Rolle Mohammed VI. seiner jungen Angetrauten zuweisen wird. In dem erwähnten Interview hatte der König jede Präzisierung vermieden. So wurde ihm die Frage gestellt, ob die Heirat den Status der Frau des Monarchen ändern werde und einer offiziellen Anerkennung gleichkomme, welche auch die Institutionen verwandle. Seiner negativen Bemerkung über Islam und Königinnen fügte der Monarch noch hinzu: »Nein, das wird an meinen Gewohnheiten nichts ändern.«

Eine weitere Frage zielte darauf, ob er durch die Hochzeit »ein Element der Modernität, der Normalität« einführen wolle, nachdem im Königshaus bisher nur Geburten gefeiert worden seien, nicht aber Hochzeiten. »Normalität gefällt mir«, erwiderte Mohammed. »Es ist ganz normal, dass man seine Hochzeit feiert. Wir haben diese Formel gemeinsam gewählt. Wir werden unsere Hochzeit wie alle anderen Paare begehen, mit

Freude und als ein Fest.« So wenigstens war es gedacht. Die letzten Monate seien dazu genutzt worden, die gemeinsame künftige Residenz auszubauen. Bisher wohnte der König in dem Palais am Rande von Rabat, in dem er schon als Prinz gelebt hatte.

Das offizielle Kommuniqué zur Hochzeit nannte Salma Bennani »eine strahlende Perle in Keuschheit, Tugend und Edelmut«. Offizielle Fotos von der Palastzeremonie kamen mit nur wenigen Stunden Verspätung heraus. Auch das war ein absolutes Novum. Außer seltenen privaten Aufnahmen aus dem Familienkreis oder der Schulzeit der Braut waren den Agenturen vor der Trauung keine Bilder zugänglich. Salmas Vater war in ersten fragmentarischen Berichten als Bankier bezeichnet worden. Dem widersprach der König mit den Worten: »Er unterrichtet und wohnt in Fes.« Mohammed und Salma kennen sich seit etwa zweieinhalb Jahren. Für marokkanische Verhältnisse ungewöhnlich ist, dass die Verlobte nicht mehr im Elternhaus, sondern in Casablanca lebte. Sie arbeitete dort bei der Unternehmensgruppe ONA, dem größten Konglomerat des Königreichs. Hauptaktionär ist der Palast.

Unter den viertausend Gästen, die zur Hochzeitsfeier im April geladen wurden, war auch das mit Mohammed VI. befreundete spanische Königspaar. Im Sommer war es nicht dabei. Nach der Thronbesteigung wurden Reformhoffnungen von vielen Marokkanern in die Formel gefasst, ihr junger König werde sich die spanische Synthese von Monarchie und Demokratie zum Vorbild nehmen. Den Hoffnungen ist nach drei Jahren

Ernüchterung gefolgt. Außer Fassadenputz hat sich an den gewohnten autoritären Strukturen wenig geändert. Die Reform des Familienrechts ist gegen den Widerstand konservativer und islamistischer Kreise nicht vorangekommen. Wenigstens gab es auch auf diesem Gebiet einige Retouchen: Mohammed VI. hat eine dreißigjährige Marokkanerin zur Botschafterin ernannt. Und es heißt, er habe die vielen Konkubinen seines Vaters mit Rente nach Haus zu ihren Familien geschickt.

Wasser auf Raten, Ehe auf Raten: Algerischer Alltag

Am Morgen lehnt Latifa die Matratzen an die Wand. Der Fußboden wird jetzt gebraucht: für die Bewegungen, die zum Ankleiden nötig sind, fürs Frühstück, um die schulpflichtigen Kinder auf den Weg zu bringen, als Lebensraum für die Kleinsten und für die Alten, damit Wäsche gebügelt und Gemüse geputzt werden kann, als Essdiele und Logenplatz für den Fernseher. Wer keine Schule hat oder keine Arbeit, muss hinaus. Er spielt Ball auf dem Trottoir, lehnt mit Freunden, die in der gleichen Lage sind, an der Wand, geht spazieren, diskutiert tagelang über ein Fußballspiel, schaut in Auslagen, sitzt betend oder sinnierend in der Moschee, wartet auf bessere Zeiten. Latifa, ihr Mann Mahmoud, seine Eltern und ihre Mutter, acht Kinder – alle leben in der Zweizimmerwohnung. Sie liegt nicht in einem Slum. Das Haus hat einen Aufzug, nur geht er seit Jahren nicht mehr. Manche Balkone werden von den Einwohnern gemieden, denn der Zement ist bröckelig geworden. Oft bleibt das Wasser aus, fast täglich der Strom. Aber die Fassade ist kürzlich frisch gekalkt worden. Vom Meer her oder von einem Hügel über der Stadt sieht Algier, die weiße Stadt, aus wie immer.

Ghania hat überhaupt keine Wohnung. Sie lebt bei ihren Eltern. Ihr Eheleben findet auf Raten statt, in dem Hotel, wo sie als Zimmermädchen arbeitet. Ihr Mann Nasser ist Eisenbahner und viel unterwegs. Wenn er länger da ist, wohnt auch er bei seinen Eltern. Ein Leben wie das von Mahmoud und Latifa wollten beide nicht. Doch nach zwei Jahren finden sie ihre legitime Zweisamkeit in der Absteige immer weniger amüsant. Kinder können sie sich unter solchen Umständen nicht leisten. Jede Wohnung der Hauptstadt ist heute mit durchschnittlich 14 Personen belegt. Wenn es stark geregnet hat, stürzen in der Kasba, der Altstadt, regelmäßig ein paar Häuser ein, obgleich sich der Staat mit Hilfe der UNESCO um die Sanierung seiner historischen Keimzelle bemüht.

Es ist nicht so, als ob es keine neuen Wohnungen gäbe. Im Gegenteil. Wenig Länder leisten sich so viel sozialen Wohnungsbau wie Algerien. In alle Richtungen fressen sich die Häuserblöcke in das fruchtbare Umland der Siedlungen. Experten warnen davor, dass die Mitidja, die grüne Ebene um Algier, bereits zu stark zersiedelt wird. Provinzstädte wie Tizi Ouzou, das Zentrum der Kabylei, haben gar keinen alten Stadtkern mehr. Sie stammen vom Reißbrett, im Prinzip sauber, aber für niemanden aufregend. Selbst die Dörfer gleichen nicht mehr den Siedlungen, die Bauern sich seit Menschengedenken bauten. Wohnblocks auch hier. Der Sowchos stand Pate, die Siedlungsform der Agrarbetriebe des sozialistischen Osteuropas. Stellenweise wird versucht, dem Beton durch Bemalung, orientalische Bögen oder aufgesetzte Ornamente seine Monotonie zu nehmen. Aber es hilft nicht viel. Im ganzen Land wuchern Baustellen, fahren Zementmischer über unfertige Straßen. Doch es reicht nicht. Als die Franzosen

1962 gingen, hatte Algerien zehn Millionen Einwohner. Jetzt sind es dreißig Millionen. Drei Viertel dieser Bevölkerung sind jünger als dreißig Jahre.

Als in jener gefährdeten Kasba noch der Dey von Algier residierte, unter der bloß nominellen Souveränität des Sultans in Konstantinopel, lieh er der jungen französischen Republik eine Million Goldfrancs, damit sie algerischen Weizen kaufen konnte. Das war 1794. Zwei Jahrhunderte später hat Algerien eine schwere Last an Auslandsschulden und muss mehr als zwei Drittel seiner Nahrung auf dem Weltmarkt kaufen. Außer Erdöl und Gas hat Algerien kaum etwas zu exportieren. Sie bringen 95 Prozent der Devisen. Doch Erdöl ist nicht mehr teuer. Überdies lässt sich absehen, dass die Vorkommen in der Sahara sich erschöpfen. In den siebziger Jahren, als Petroleum hohe Erlöse erzielte, hatten die Staatslenker die unglückliche Idee, den Gaspreis in langfristigen Abkommen an den Ölpreis zu koppeln. Die Folgen dieses Arrangements kommen Algerien teuer zu stehen.

Das Sowchos-Experiment ruinierte die Landwirtschaft. Als es lanciert wurde, entsprach es dem Zug der Zeit. In Ägypten proklamierte Abdel Nasser seinen »arabischen Sozialismus«. Die jugoslawischen Kommunisten, an deren Vorbild sich die algerische Staatspartei FLN weitgehend orientierte, hatten die Arbeiterselbstverwaltung entwickelt. Auch andere Größen der Dritten Welt wie der Inder Nehru favorisierten die Planwirtschaft. Aus Algerien waren die französischen Grundbesitzer, die die besten Ländereien besaßen, geflohen. Über ihre Felder und Plantagen musste verfügt werden. Doch viele Bauern wollten nach sieben Jahren Krieg etwas anderes als nur die Ablösung der ausländischen *colons* durch eine neue einheimische Bürokratie, die noch dazu schlechte Preise dekretierte. Vor allem die Jüngeren gingen in die Städte, wo bessere Löhne und Sozialleistungen winkten. In der unmittelbaren Umgebung Algiers wurden neue Tomatenplantagen in Treibhäusern angelegt, eine Kultur, für die Agrarplaner überall ein Faible haben. Aber schon fünfzig Kilometer weiter sind die Felder verkrautet, viele Olivenhaine verwildert, die meisten Obstgärten ungepflegt. Streckenweise liegen noch immer Äcker brach. Nicht wenige Verarbeitungsbetriebe für die Erzeugnisse der Landwirtschaft sind verfallen. Europas Obstregale quellen über mit Zitrusfrüchten aus Marokko und Tunesien: Nur selten hat jemand nördlich des Mittelmeers aber eine algerische Orange gesehen. In der alten Markthalle von Algier hinter dem Theater bieten einige Händler heimische Oliven an, erstklassige Oliven, aber nicht in großen Mengen. Das neue Algerien hat Agraringenieure, aber wenig Bauern. Erst langsam erholt sich durch schleppende Privatisierung die Landwirschaft.

Dieses neue Algerien stellt Walzwerkerzeugnisse her, aber keine Nähnadeln. Denn bei der industriellen Entwicklung wurde, entsprechend derselben Ideologie, die Schwerindustrie bevorzugt. In Annaba entstand ein Stahlwerk (»das größte Afrikas«), das alljährlich Dinar-Milliarden verliert. In den staatlichen Lastwagenwerken ist die Produktion binnen weniger Jahre von sechstausend auf dreitausend Stück zurückgegangen, obwohl es überall im Land an Transportmitteln mangelt. Es fehlen Ersatzteile für Maschinen und Zulieferungen aus dem Ausland. Vielfach ohne Rücksicht auf die Umwelt oder auf die Möglichkeit, in einer friedlichen Zukunft mit Tourismus Geld zu verdienen, huldigte man dem Gigantismus. Ausgerechnet ans »Kap des Paradieses«, einen Küstenvorsprung nahe Algier, wurden eine Zementfabrik und das größte Kraftwerk des Landes gestellt. Streiks sind häufig und die Motivation zu arbeiten, ist durch schlechte Löhne gebremst. »Was ihr mir zahlt, ist mein Fahrgeld. Wenn ihr wollt, dass ich hier auch noch etwas tue, müsst ihr mir mehr geben«, lautet die typische Antwort eines Arbeiters an seinen mahnenden Vorgesetzten. Ein ausländischer Diplomat, der Algerien noch aus der Zeit des Unabhängigkeitskrieges kennt, sagt: »Als die Algerier nach so vielen Opfern endlich die Freiheit hatten, waren sie fest entschlossen, niemals mehr gegenüber irgend jemand untertänig zu sein. Seither gibt es im ganzen Land kein Kind, das bettelt, und keinen Kellner, der bedient.«

Nicht auf allen Gebieten ist die Bilanz so negativ. Die Franzosen hatten das Entstehen einer modernen einheimischen Oberschicht nicht gefördert. Als sie gingen, gab es im ganzen unabhängig gewordenen Algerien nicht mehr als dreihundert Akademiker, überwiegend Ärzte. Mit einer ungeheuren Kraftanstrengung wurden seither 25.000 Mediziner ausgebildet. Damit hat Algerien heute mehr Ärzte als die anderen Maghrebstaaten zusammen, ja es besteht bereits leichter Überhang.

Ein Diplom als Mediziner oder Ingenieur sichert nicht mehr automatisch Stelle und Aufstieg. Genauso energisch wurde die allgemeine Erziehung ausgebaut. Das Straßennetz wurde erweitert und verbessert.

Es gibt auch Geld in Algier. Genüsslich sagt ein ehemaliger Premierminister, die privaten Guthaben algerischer Funktionäre im Ausland würden ausreichen, sämtliche Schulden zu bezahlen. Das sei ein einfaches Rechenexempel: Jahrzehntelang sei es üblich gewesen, bei der Vergabe von Aufträgen an ausländische Partner von ihnen zwanzig Prozent als Schmiergeld zu nehmen. Da in der fraglichen Zeit Aufträge von weit mehr als hundert Milliarden Dollar erteilt worden seien, müssten auf Auslandskonten mindesten dreißig Milliarden an Bestechungsgeldern liegen. Noch erstaunlicher als diese Selbstbezichtigung ist das Dementi des Nachfolgers im Amt als Regierungschef. Es könne sich höchstens um 1,5 Milliarden handeln, wiegelt er ab.

Man kann auch als *mudschahid* oder als *trabendo* reich werden. Wer sich als *mudschahid*, als Kämpfer des Glaubens, gegen die Franzosen engagierte, hat bis heute samt Kindern und nahen Anverwandten Privilegien. Zu ihnen gehört, alle drei Jahre ein Auto zollfrei importieren zu dürfen – und es zu den überhöhten Inlandspreisen wieder loszuschlagen. Ein *trabendo* ist, wer den Markt mit ausländischen Konsumgütern versorgt, vorwiegend aus Frankreich. *Contrebande* – Schmuggel ist als Wurzel in diesem Wort erkennbar, aber auch *traffic*, in diesem Fall Schleichhandel oder Schiebung. In Frankreich arbeiten doppelt so viele Algerier wie Marokkaner. Doch offiziell und in absoluten Zahlen überweisen die Marokkaner fünfzig Mal so viel Geld in die Heimat als sie. Die Erklärung liegt darin, dass das Geld der Auslandsalgerier über den Markt der *trabendos* schwarz transferiert wird. Denn im freien Handel sind Devisen weit mehr wert als zum Kurs der Staatsbank. Wer für seine Euro, oder früher Francs, Autoersatzteile, Elektrogeräte, Textilien, Kosmetik, Medikamente, hochwertige Lebensmittel oder andere Raritäten kauft, um sie zu algerischen Preisen abzusetzen, kann sein Kapital vervielfachen – oft auf einer einzigen Reise. Französische Regierungsexperten, die das Phänomen diskret überwachen, schätzen, dass der parallele Export nach Algerien etwa so groß ist wie die offiziellen Ausfuhren, die in der Handelsstatistik erscheinen. Ein Auto voller Mangelwaren auf der Fähre aus Marseille ist ein Vermögen wert. Die erste Klasse in der Luft ist immer ausgebucht, denn mehr Freigepäck ist leicht den Aufpreis wert.

Nach den letzten Modellen von BMW oder Mercedes dreht sich in den Straßen von Algier kaum mehr jemand um. Und es werden nicht nur Sozialwohnungen gebaut, sondern auch immer mehr Villen. Die wenigen guten Restaurants sind stets voll, obwohl sie sündteuer sind. Noch seltener und noch voller sind die wenigen Diskotheken und Nachtclubs, in denen sich die Jeunesse dorée vergnügt, wenn immer und wo immer es die Terrordrohung der Islamisten im Untergrund erlaubt. Viele dieser Clubs befinden sich in den Kellern der von Ausländern frequentierten Hotels, werden indessen fast nur von Einheimischen aufgesucht. Außerdem hat das süße Leben von Algier eine besondere Adresse, Riad el-Fath, das Einkaufszentrum unter dem Märtyrerdenkmal. Mit Läden, die sich angestrengt in Luxus versuchen, mit Kinos, Cafés, Marmor und Rolltreppen, mit einem riesigen unterirdischen Parkhaus übt die neue Oberschicht auf mehreren Stockwerken die Konsumgesellschaft. Weit über Algier hinaus sichtbar, erhebt sich droben das Denkmal für die Million Toten des Unabhängigkeitskrieges: Drei stilisierte Palmblätter ragen aneinander gelehnt, nicht ohne Würde, mehr als hundert Meter hoch. Vor einer ewigen Flamme stehen unbeweglich zwei Gardesoldaten in grüner Uniform. Jenseits einer steinernen Platte von den Ausmaßen des Roten Platzes in Moskau wacht, aus Beton und Glas, der Museumsbunker der Armee. Und die Tiefgeschosse sind den *Trabendo*-Waren samt Nachtclub vorbehalten. Die Symbolik ist ungewollt, aber voll geglückt.

Als sich der Überdruss an Wohnungsnot, Armut, Arbeitslosigkeit, Korruption und Mangelwirtschaft im Herbst 1988 in einer zerstörerischen, blutig unterdrückten Revolte Luft machte, drehte Präsident Chadli Bendjedid entschlossen das Steuer herum. Schon vorher hatte er behutsam versucht, die Wirtschaft zu liberalisieren, die Allmacht des Staates ein wenig zu beschränken und die Unterdrückung der Opposition zu mildern. Ausländisches Kapital sollte alle Möglichkeiten erhalten, weite Bereiche der Wirtschaft sollten der unterentwickelten Privatinitiative geöffnet werden. In kurzer Zeit entstanden zwei Dutzend legale Parteien, darunter die Islamische Rettungsfront FIS. Die FLN mauerte. Sie betrachtet Algerien als ihren Staat, geschaffen von ihr und der Armee, bewirtschaftet wie eine Privatdomäne. Der sichere Wahlsieg der FIS im Jahr 1992 stellte diese Identifizierung in Frage und bedrohte zugleich den Besitzstand. Da handelten die Militärs.

Offene Worte vom Chef: Bouteflika positiv

Zu seiner guten Zeit, das heißt im ersten Jahr nach seiner Wahl, beherrschte Abdelaziz Bouteflika die Szene so sehr, dass die Algerier ihr Staatsfernsehen »Kanal Boutef« nannten. Jeder Auftritt wurde in voller Länge übertragen und der Präsident sprach beinahe täglich, nicht selten eine Stunde lang. Es kam vor, dass Bouteflika eine Rede auf Französisch hielt, was nicht nur gesetzwidrig ist, weil das öffentliche Leben bei Strafe dem Arabischen vorbehalten ist, sondern jene gemäßigten Islamisten erzürnte, die ihn im Wahlkampf unterstützt hatten.

Sofort beklagte Scheich Mahfoud Nahnah, dessen Partei schon vor Bouteflika sechs Minister in der Regierung hatte, »das Zurückdrängen der Arabisierung und der Verfassung«. Als Schuldigen nannte der Scheich freilich nicht den Staatschef, sondern »okkulte laizistische Kräfte«. Gewöhnlich werden sie von ihren Gegnern als »Hisb Fransa«, Partei Frankreichs, beschimpft. Auf die Öffnung Algeriens zur Außenwelt bedacht, kann Bouteflika indessen auf jene Kräfte der Gesellschaft nicht verzichten, die sprachlich und konzeptionell zur Integration des Landes in seine internationale Umgebung in der Lage sind. Der Präsident muss ihnen Konzessionen machen – so wie er den Islamisten entgegenkommen muss, um den inneren Frieden zu suchen.

Zwischen diesen wichtigsten Zielen von Bouteflikas Programm, der nationalen Versöhnung und dem Ausbruch aus der Isolierung, besteht keine natürliche Harmonie. Doch die Chance zum Erfolg hat der Präsident nur, wenn er beides versucht. Bald meldeten sich erste Skeptiker. »Bouteflika ist ein Charmeur, aber er macht nur Aktionskino«, so ein Parteisprecher von Ahmed Taleb Ibrahimi, der sich bei der Präsidentenwahl als potenter Konkurrent erwies, indem er das islamistische Stimmenpotenzial umwarb. »Die Leute stehen jetzt auf seiner Seite, weil er vom Frieden redet. Aber seine Glaubwürdigkeit wird leiden, wenn er nicht weit genug geht. Und die Armee wird ihn nicht sehr weit gehen lassen.« Der Präsident lässt sogar selber durchblicken, dass seine stille Übereinkunft mit den Generälen ihm für die geplante Amnestie nicht die Freiheit ließ, die er eigentlich wollte. »Meine persönlichen Gefühle für Madani (den unter Hausarrest stehenden Führer der Islamischen Rettungsfront FIS) werden von der Zivilgesellschaft nicht geteilt«, sagt Bouteflika in einer kaum verhüllten Anspielung auf das politisch-militärische Establishment. Er habe »wenig Spielraum zwischen den Eingebungen des Herzens und den Geboten der Vernunft«, bekennt er weiter. Von der Abschaffung der Wehrpflicht, einer Sehnsucht der vielen jungen Männer des Landes, spricht Bouteflika inzwischen kaum mehr.

Mehr als einmal hat Bouteflika betont, es würde ihm nicht viel ausmachen, zu sterben. Er könne auch wieder nach Hause gehen, wenn er beim Volk nicht genügend Rückhalt finde. »Ich habe niemanden um Hilfe gebeten und ich habe nichts zu verhandeln. Ich habe mein Programm und fühle mich nicht an die Programme der Koalitionsparteien gebunden, die mich unterstützt haben«, beschreibt der Staatschef seinen Kurs. Dem Publikum gefällt es, wenn er frei spricht und den Finger auf offene Wunden legt. So kritisiert er die Universitäten, sie seien »Verteiler von Diplomen, die genauso entwertet sind wie der Dinar, unsere nationale Währung«. Auch sonst geht er mit der Aufdeckung von Missständen sehr weit. So stehen die staatlichen Banken nach seinen Worten im Dienste von Schwindlern und betrügerischen Importeuren. Es gebe einen »Herrn Zement, einen Herrn Zucker, einen Herrn Medikament«, die sich bereichern könnten, »weil wir Erdöl verkaufen, um von Nägeln bis zur Nahrung alles zu importieren«. In den letzten zehn Jahren ist das Bruttosozialprodukt Algeriens – so Bouteflika – um dreißig Prozent gefallen, die Erzeugung der Landwirtschaft allein in einem schlechten Jahr um 46 Prozent.

Jungen Algeriern, die sich in dieser verzweifelten Lage dem islamistischen Untergrund zugewandt haben, bekundete der Präsident wiederholt sein Verständnis. Erst seit er amtiert, wird offiziell anerkannt, dass der Bürgerkrieg mindestens hunderttausend Opfer gefordert hat. Eine oppositionelle »Bewegung freier Offiziere« spricht inzwischen von 173.000 Toten.

Schon als 19-Jähriger war der Zivilist Bouteflika zum Kreis der Militärs gestoßen, die den Aufstand gegen Frankreich anführten. Im marokkanischen Oujda, Bouteflikas Geburtsort, hatte Oberst Houari Boumedienne sein Hauptquartier. Als

Boumedienne nur wenige Jahre nach der Unabhängigkeit den ersten Präsidenten Ahmed Ben Bella stürzte, wurde Bouteflika Außenminister und Berater des neuen Staatschefs. Trotz seiner Jugend hatte »Boutef« auch in der Kaderpolitik der Armee mitzureden und er gehörte dem Politbüro des FLN an, der leitenden Instanz der Einheitspartei. Es war die Epoche, in der Algerien seine eigene Art von Blockfreiheit in Anlehnung an die Sowjetunion entwickelte. Bouteflika blieb 16 Jahre im Amt und war für eine Sitzungsperiode Vorsitzender der UN-Vollversammlung. Unter Präsident Chadli Ben Djedid fiel er in Ungnade und blieb zwei Jahrzehnte lang kaltgestellt. Der elegante Bonvivant lebte in dieser Zeit vorwiegend in Frankreich, in der Schweiz und am Golf, wo er gute Geschäfte machte. Als Staatschef entfaltet er bisweilen überraschende Initiativen. So setzte er im Sommer des Jahres 2000 ein einwöchiges Symposium über den heiligen Augustinus an. Der Kirchenvater war im fünften Jahrhundert, vor der Islamisierung seiner Heimat, Bischof des heutigen Annaba. Für die national-algerische Geschichtsschreibung war Augustinus bis dahin je nach Bedarf ein Instrument des römischen Imperialismus, eine moralische Stütze des französischen Kolonialismus und der Bourgeoisie oder ein verräterischer Berber. Seine Rehabilitierung dürfte ein Signal an Europa sein.

Fünf Präsidenten in zehn Jahren: Bouteflika negativ

Eine Meldung aus Algerien ging beinahe unter: In der Gegend von Chlef, etwa zweihundert Kilometer westlich der Hauptstadt, geriet eine Einheit der Armee in einen Hinterhalt von Terroristen. Dabei kamen 26 Soldaten ums Leben. Es war einer der schwersten Zwischenfälle seit langer Zeit in der Auseinandersetzung zwischen Sicherheitskräften und mutmaßlich islamistischen Banden. Doch die allgemeine Aufmerksamkeit hat sich seit dem Jahr 2001 zunehmend von der blutigen Routine des Bürgerkriegs auf die Revolte der Straße gegen das Regime verlagert. Nichts ist bezeichnender für die Stimmung im Land.

»Ich bin kein Kapitän, der das Schiff verlässt!« Mit diesen Worten dementierte Präsident Bouteflika vor Journalisten Rücktrittsforderungen, die sich bei Demonstrationen in der Hauptstadt, nicht in der unruhigen Kabylei, erhoben hatten. Eine Million Menschen war auf den Straßen und es kam zu Ausschreitungen. »Hier bin ich, hier bleibe ich, nach dem Willen des Volkes, das mich gewählt hat. Der Presse, die meinen Rücktritt will, sage ich: das werde ich nicht tun«, beharrte der Präsident, dessen Amtszeit im Jahr 2003 ausläuft.

Während seines Wahlkampfes im Frühling 1999 hatte er als erster offen von den Krankheiten gesprochen, an denen Algerien leidet: Korruption, Vetternwirtschaft, Willkür, Gewalt, forcierte Arabisierung und Verelendung als wahre Ursache der Sympathien für die Islamisten. Keiner vor ihm hatte die Zahl der Opfer des damals achtjährigen Bürgerkriegs genannt, mehr als hunderttausend. Doch wenig oder nichts ist geschehen und Bouteflika wurde zu dem bei weitem unpopulärsten Staatschef, den Algerien seit seiner Unabhängigkeit vor bald vier Jahrzehnten hatte. Als er Tamanrasset besuchte, die Oasenstadt tief in der südlichen Wüste, wo keine aufrührerischen Berber leben, sondern friedfertige Sahrauis, wurde er mit Plastikflaschen beworfen. »Nicht Hammelbraten, sondern Veränderungen«, riefen die Einwohner, für die ein Freudenfest organisiert worden war.

Der französische Orientalist Bruno Etienne, einer der besten Kenner des Landes, zieht eine vernichtende Bilanz. Zur Pariser Zeitung *Libération* sagte er, die Unruhen richteten sich »gegen das Elend, die Arbeitslosigkeit, die Verachtung, welche die herrschende Klasse dem algerischen Volk zeigt«. Im Gegensatz zu dem, was Algier behauptete, sei die ansteigende Unzufriedenheit »keine kabylische, sondern eine politisch-soziale Angelegenheit«. Aus der Berberbewegung von Tizi Ouzou sei eine Sozialbewegung geworden. »Das Problem ist einfach: Algerien ist ein reiches Land, und die Algerier werden immer ärmer.« Mehr als ein Jahrzehnt lang hat nach Bruno Etienne »der Kampf gegen die Islamisten alle sozialen Ansprüche verhindert«. Heute aber seien die Islamisten mit an der Macht: »Denn ein Teil von ihnen ist in der Regierung und im Parlament vertreten, aber militärisch sind sie erdrückt worden.« Sie taugten also nicht länger als Vorwand. »Die paar Nester, die noch im Untergrund überleben, werden von den algerischen Geheimdiensten ausgehalten, damit die Clans sich gegenseitig bekämpfen.« Das Fehlschlagen von Bouteflikas Politik der Gnade und der Reue sei offensichtlich.

Auf die Frage, wer hinter der Bewegung stecke, antwortete Etienne: »Niemand. Die Jugend zeigt ihren Zorn und deshalb können die Machthaber nichts dagegen tun. Es handelt sich weder um eine islamistische noch um eine berberische Bewegung. Der Clan der Generäle und die Regierung wissen nicht, was tun, denn sie dachten, die Sache würde sich auf die Kabylei begrenzen lassen. Tatsächlich steht Algerien am Rand des Aufstandes.« Alles könne kippen und der Staatsmacht seien die Hände gebunden. »Entweder man tut nichts oder es gibt ein Massaker.«

Als sich die Riesenschlange durch Algier bewegte, fiel den Regierenden nichts besseres ein als der Versuch, die Berber als Randalierer in Verruf zu bringen. Riegen von Fußballfans wurden gegen sie mobilisiert. Sie saßen auf den Wasserwerfern der Polizei und schrien: »Tod den Kabylen!« Andere steinwerfende Gegendemonstranten aus dem Viertel Bab-el-Oud riefen: »Da sind die Kabylen! Sie sind die Schläger! Berber go home!« Sogar die Getreuen eines Islamistenemirs aus dem Viertel Belcourt wurden gegen die Berber aufgeboten. Einwohner der Hauptstadt urteilen überwiegend, dass ein großer Teil der Schäden und Plünderungen auf das Konto der so genannten Patrioten ging, der Selbstschutzmilizen des Regimes. Ein offizieller Sprecher pries indessen die Jugend Algiers dafür, dass sie die Ehre der Hauptstadt gegen Aufrührer und Saboteure verteidigt habe. Das staatliche Fernsehen, sonst äußerst zurückhaltend in seiner Berichterstattung über Problemthemen aller Art, zeigte die Schäden ausführlich. In einigen arabischen Städten Algeriens wurde hingegen der Sprechchor gehört: »Wir sind alle Kabylen!«

Bouteflika ließ am Ende Andeutungen folgen, dass Frankreich seine Hand im Spiel habe. »Jugend der Kabylei, Jugend Algeriens, ihr müsst wissen, dass unser Land von mehreren ausländischen Mächten zum Ziel gemacht worden ist«, sagte er – diesmal auf Arabisch. Er nannte die Franzosen nicht direkt, war aber gleichwohl nicht misszuverstehen, als er fortfuhr: »... zum Ziel genommen von jener Macht, die uns nach eineinhalb Jahrhunderten ihre Herrschaft nicht endgültig auferlegen konnte und daran noch immer leidet wie jemand, der sein Paradies verloren hat.«

Während die Politik stagniert, geht das Morden weiter. Das Volk leidet, aber die Mächtigen schauen gleichmütig zu – so lange die Erdölgelder fließen. Algerien hat in einem Jahrzehnt des Bürgerkriegs fünf Präsidenten verbraucht. General Chadli Bendjedid wurde von seinen Kollegen abgesetzt, als bei den freien Wahlen, die er zugelassen hatte, der Sieg der Islamischen Rettungsfront FIS bevorstand. Mohamed Boudiaf, ein Veteran aus dem Befreiungskrieg gegen Frankreich, wurde unter ungeklärten Umständen ermordet; nicht von Islamisten, sondern von einem Offizier, dessen Anstifter im hohen Staats- und Funktionärsapparat vermutet werden. Ali Kafi und

Liamine Zeroual gaben vorzeitig auf. Bouteflika tritt ohne vorzeigbare Erfolge auf der Stelle. »Seine Strategie? Keine. Er will Friedensnobelpreisträger werden«, zitierte *Le Monde* einen algerischen Gewährsmann.

Dagegen sind die Generäle des Staatsstreichs von 1992 immer noch da: Mohamed Lamari, Chef des Generalstabs; Tewfik Mediene und Smain Lamari, die wahren Verantwortlichen für Geheimdienste und Einsatzgruppen gegen den Terrorismus; Khaled Nezzar, formell im Ruhestand, jedoch weiterhin einflussreich; schließlich der gleichfalls pensionierte Larbi Belkheir. Er wurde von seinen Kameraden zum Kabinettsdirektor Bouteflikas gemacht – ein Posten, der eine bessere Überwachung des Präsidenten erlaubt. Das internationale Umfeld der Repressionspolitik wechselt, bleibt aber überwiegend nachsichtig. Wer gegen Islamisten kämpft – und seit dem 11. September gegen Terrorismus – kann im Westen mit Nachsicht rechnen. Äußerungen wie Bundespräsident Rau sie im Jahr 2001 während des Berliner Staatsbesuchs von Bouteflika machte, sind eher die Ausnahme. Der Missbrauch der Religion zu politischen Zwecken könne nicht allein mit militärischen Mitteln bekämpft werden, sagte Rau. Von seiner Reise nach Frankreich war der algerische Staatschef nach eigenem Zeugnis »mit leeren Händen« heimgekehrt. Gleichwohl, die politischen Beziehungen zu Paris sind passabel. Die kritischen französischen Stimmen kommen aus den Medien und von Fachleuten, die Algerien kennen und für die Mehrheit der Algerier sprachlich erfassbar sind. Das schmerzt besonders.

Nachdem sich in Frankreich Enthüllungen über die Verwicklung der Sicherheitskräfte in den Terror gehäuft hatten, wurde in Algier mit heftiger Polemik geantwortet. Zunächst ging die laizistische Presse Algiers gegen die »Verleumdungen« vor. Sie tritt zwar für bürgerliche Freiheit ein, sobald es aber um Islamisten geht, ist sie weitgehend einig mit der »Ausrotterfraktion« unter den Militärs. Dann sprach der Generalstabschef selber von einem im Ausland ausgeheckten Komplott mit durchsichtigen Motiven. Was er meinte, machte das Parlament deutlicher. Als dort die FFS des Revolutionsveteranen Hocine Ait Ahmed nicht für eine Resolution stimmte, in welcher der Armee das Vertrauen ausgesprochen wurde, riefen Abgeordnete der Regierungskoalition: »Jetzt wissen wir, woher ihr eure Stimmempfehlungen bekommt.« Die FFS ist Mitglied der Sozialistischen Internationale. Und ein Minister wies darauf hin, dass der Pariser Verlag der Enthüllungsliteratur der Gesellschaft Vivendi gehöre: »Man muss wissen, dass diese Gruppe derzeit über große Verträge in Marokko verhandelt, ein Nachbar, der uns nicht wohl will.«

Dass es Bouteflika nicht gelungen ist, den Konflikt über die Westsahara zu entschärfen, dass die Grenze zwischen Algerien und Marokko nach wie vor geschlossen bleibt, steht weit oben auf der Liste seiner Misserfolge. Auf Provinzkundgebungen findet der Staatschef durch Mobilisierung erfassbarer Anhänger weiterhin volle Säle. Aber der Vertrauensschwund in der Bevölkerung ist gewaltig.

Die Mörder trugen Schwarz: Im Todesdreieck der Mitidja

Die Halme stehen dicht und fast hüfthoch, Gräser, bunte Frühlingsblumen, wilde Kapernsträuche, Disteln. Seit Jahren hat niemand mehr das Feld betreten. An den Orangenbäumen hängen überreif die Früchte. Keiner pflückt sie. Viele der einstigen Bewohner sind aus der fruchtbaren Mitidja-Ebene um Algier, Schauplatz der schlimmsten und rätselhaftesten Massaker des Bürgerkriegs, davongelaufen. Seither wird das Gebiet »Todesdreieck« genannt. Geschlossen und verstaubt sind die kleinen Industrien am Ortsausgang von Sidi Moussa: keine Biskuits mehr, keine Textilien, keine Matratzen und keine Limonade. Am Straßenrand wurden die Bäume gefällt, damit sie keine Deckung bieten können. Erhalten ist auf der Böschung eine einsame Tafel mit dem Lehrspruch »Umweltschutz ist Lebenskunst«.

Der neunjährige Farid hat ein Auge für Horrortouristen. Wenn immer in Bentalha Besucher erscheinen, die durch bewaffnete Begleitung als ausländische Journalisten kenntlich sind, beschreibt Farid die Mörder: »Sie waren schwarz gekleidet, sie hatten Leitern dabei, sie schossen mit ihren Kalsch (Kalaschnikows), es waren mindestens hundert.« Aus unfertigen Häusern, die zum Teil noch Brandspuren tragen, aus dem Wellblechverschlag einer Großfamilie laufen Kinder herbei, um bereitwillig von jener Nacht zu erzählen, in der Terroristen mehr als zweihundert Menschen niedermetzelten. In der Ortsmitte hat der Staat ein »Zentrum für psychologische Fürsorge« eröffnet. Doch die Kinder haben ihre eigene Therapie zur Bewältigung des Schrecklichen. »Man soll den 23. September als Tag der Barbarei im Gedächtnis behalten«, lautet eine ihrer eingelernten Beschwörungsformeln. Dr. Houria Chafai-Salhi, die den jugendpsychiatrischen Dienst im nahen Blida leitet, konstatiert einen Drang, »alles bis zur kleinsten Einzelheit zu erzählen, gierig und voll Verlangen nach Aufmerksamkeit«. In Europa werde die Ausdrucksfähigkeit durch Scham gehemmt. »In unserer Kultur wirkt alles zusammen, um der Trauer Sichtbarkeit zu geben.«

Der Minibus braucht nicht einmal eine halbe Stunde von Algier nach Bentalha, einer schlecht geplanten Siedlung von viertausend Einwohnern, nicht mehr Land, aber noch nicht Stadt. Auf dem Minarett hat sich ein Storch niedergelassen. Unter ihm, auf der asphaltierten Hauptstraße, rollt eine Militärkolonne, bestehend aus einem leichten Panzerwagen und Magirus-Deutz-Mannschaftstransportern. Die Soldaten tragen Stahlhelme. Über den Feldern brummt ein Hubschrauber. Zwei Dutzend Gemeindewächter in ihren dunkelblauen Uniformen, genannt die »Patrioten«, kommen den Militärs im Gänsemarsch entgegen. Bevor uns der verantwortliche Gendarmerieoffizier weiterfahren lässt, müssen wir unsere Namen ein weiteres Mal auf ein Blatt Papier schreiben. Alle anderen Straßen von Bentalha sind staubig und tief zerschrundet.

Vom Ortsrand bis zur ersten bewaldeten Kette des Atlasgebirges sind es bloß zehn Kilometer. Für Terroristen bietet das offene Gelände dazwischen mit Baumreihen, Hecken, Gräben gute Deckung und Bewegungsmöglichkeit. Wie die anderen von Massakern heimgesuchten Ortschaften der Mitidja hatte Bentalha in den freien Wahlen von 1990 und 1991 massiv für die Islamische Rettungsfront FIS gestimmt. Ebenso das Nachbardorf Rais, drei Kilometer weiter, wo einige Wochen zuvor fast dreihundert Menschen grausam von Terroristen abgeschlachtet worden waren. Von Rais aus kann man das algerische Verteidigungsministerium auf den Höhen Algiers sehen. Doch die Nähe der Hauptstadt half den verzweifelten Opfern so wenig wie Militärposten in der unmittelbaren Umgebung.

Warum Bentalha, Rais, Larbaa, Beni Messous und nicht andere Orte der Gegend? Und warum wurden in Rais oder Bentalha nur jeweils einige überfüllte Häuser angegriffen? Auf solche Fragen gibt es nach wie vor bloß Antworten, welche die volle Wahrheit mehr verschleiern als enthüllen. Überall handelten sadistische Fanatiker im Blutrausch. Aber ihre Herkunft und Motive waren offenbar nicht an allen Stellen die gleichen. In Bentalha hatten »Patrioten« einige Zeit vor dem Massaker ein Haus in die Luft gesprengt, das den Anverwandten eines so genannten Emirs der Bewaffneten Islamischen Gruppen GIA gehörte, und die Familie vertrieben. Alle wissen es. Aber so etwas taucht in keinem offiziellen Kommuniqué auf.

Die GIA werden für die meisten Schreckenstaten verantwortlich gemacht, die Westeuropa immer wieder erschauern lassen. GIA-Terroristen terrorisieren nicht nur Dörfer und Familien der »Patrioten«. Sie unternehmen auch Strafexpeditionen gegen ehemalige Kameraden von der Islamischen Rettungsarmee AIS, des bewaffneten Armes der FIS. So massakrierten die GIA zwei Monate nach Bentalhas »Tag der Barbarei« in Larbaa, unmittelbar am Fuß der Berge, 31 AIS-Sympathisanten. Und genau einen Tag vor jenem Tag hatte die Rettungsarmee ihren Waffenstillstand mit dem Regime geschlossen.

Rache um Rache, persönliche Abrechnung, Blutgeld für politische Schulden, mörderischer Mafiakrieg rivalisierender Banden, ein Internet des Terrors. Nach Massakern verschwinden spurlos Angehörige von Chefs islamistischer Gruppen. Mehrfach sind »Patrioten« von Militärgerichten in geheimen Verfahren wegen Übergriffen verurteilt worden. Und es scheint, dass sich sogar die Immobilienspekulation der Mordbrenner bedient: Zur Kolonialzeit gehörte die Mitidja französischen Großgrundbesitzern. Nach der Unabhängigkeit wurden daraus landwirtschaftliche Genossenschaften nach sowjetischem Vorbild. Jetzt wird wieder privatisiert. Eine »Landflucht«, auch wenn sie aus Todesangst erfolgt, erleichtert das Entstehen rentabler moderner Großfarmen.

An den zerstörten Häusern von Rais wird zaghaft repariert. Am Feld daneben sind vier Furchen frisch gepflügt. Der Rest ist Brachland, der Pflug ist schon wieder weg. Drei Männer sitzen am Feldrain und warten. Während seiner Kampagne hatte Präsident Abdelaziz Bouteflika gespottet: »In Algerien beackern wir das Land, ein bisschen.

Dann gehen wir in den Schatten, rauchen eine Zigarette, spielen ein wenig Domino, machen ein Nickerchen, trinken Tee mit Freunden. Und wenn uns jemand auf der Straße dumm anredet, gehen wir nach Haus und watschen die Frau.« Er warnte seine Landsleute, sie müssten entweder ihn wählen »oder mit ihrer Mittelmäßigkeit glücklich werden«.

Der Präsident ist für nationale Versöhnung, das heißt, er wollte den Bürgerkrieg durch einen Frieden mit den Islamisten beenden. Mehr als hunderttausend Tote hat der Kampf nach offiziellen Angaben gekostet, bei Partisanen, Sicherheitskräften und vor allem unter der Bevölkerung. Die Schätzungen von Menschenrechtsorganisationen und von algerischen Parteien sprechen sogar von 150.000 Opfern. Kein anderes Problem bedrückt die Algerier so sehr, nicht einmal die Arbeitslosigkeit. Dabei sind von den jungen Leuten unter dreißig zwei Drittel ohne feste Beschäftigung. Die »Mauerlehner« – arabisch-französisch *hittistes* – sind Algiers stärkste Berufssparte.

Niemand glaubt an Bouteflikas Stimmenmehrheit von 73 Prozent oder an die Wahlbeteiligung von sechzig Prozent. Laut Informationen, die aus dem Machtapparat sickerten, hat der Sieger effektiv 28 Prozent der Stimmen bei einer Beteiligung von nur 23 Prozent erhalten. Insgesamt eine Million Wähler, das heißt einer unter 17 Algeriern, stimmte für Bouteflika. Dennoch sah er Chancen, den schon begonnenen Ausgleich mit den gemäßigten Islamisten zu vollenden. Der Staatschef hat in der FIS-Hierarchie persönliche Freunde. Unter den Militärs ist der Kommandeur der Gendarmerie, Tayeb Derradji, genannt »Turbo-Diesel«, für diese Politik. Doch die Fraktion der »Ausrotter« unter den Militärs ist dagegen. Sie verteidigt ihre Privilegien und sabotiert jede Annäherung.

Die schon im September 1997 geschlossenen Vereinbarungen mit der Rettungsarmee hatten gebietsweise Wirkung. Nicht nur der Waffenstillstand hält. Ein Teil der AIS-Kämpfer, die auf gut viertausend Mann geschätzt werden, soll in einer späteren Phase von der regulären Armee übernommen werden. Bei Jijel, an der Mittelmeerküste 250 Kilometer östlich von Algier, und bei Ain Defla, 120 Kilometer südwestlich der Hauptstadt, werden die AIS-Truppen von der algerischen Armee kontrolliert und versorgt. Es soll noch mehr als ein Dutzend weiterer solcher Lager geben.

In den Bergen hinter Jijel war es vorwiegend die AIS, welche die GIA niederkämpfte. Auch an den Bergflanken hinter der Mitidja, so heißt es, hat die AIS jetzt die einstigen Konkurrenten im Visier, nicht mehr die Vertreter des Regimes. In einem neuen Friedhof bei Benghazi, schon fast am Rande der Hauptstadt, sind an einem gewöhnlichen Mittwoch um halb zwei Uhr nachmittags gleichzeitig sechs Beerdigungen im Gange. »Vielleicht die Leichen von Terroristen, die getötet und dann den Angehörigen übergeben wurden«, erklärt ein algerischer Journalist die mysteriöse Häufung von Todesfällen.

Algeriens private Zeitungen sind frei und kritisch wie kein Medium in einem anderen arabischen Land. Die größte Zeitung *El Watan* stellte in ihren hunderttausend Exemplaren sogar die berühmte Frage: »Wer tötet wen?« Satellitenantennen sorgen für Informationsvielfalt fast in jedem Haus. Bouteflikas Gegner können sagen was sie wollen, obwohl weder er noch sie jemals den neuralgischen Nervenknoten anrühren, zu dem die Rolle der Armee hinter den Institutionen, der Einfluss der Sicherheitsdienste in Politik und Medien, die Unabhängigkeit der Justiz, die Todesschwadronen oder die Bedingungen des Waffenstillstands mit der AIS gehören.

Recht schwer tut sich das Regime mit den Ausländern. »Alle Journalisten wohnen im Aurassi«, bedeutet der Beauftragte des Kommunikationsministeriums bei besonderen Anlässen schon am Flugplatz. Sonst gehen Korrespondenten lieber ins kleinere, bessere, landestypischere Hotel Djezair. Auch das Aurassi, Algiers größtes Gebäude, ist von der Mitidja aus zu sehen. An dem monumentalen, isolierten Kasten hätte Ceaucescu seine Freude gehabt. Wenn immer ein Journalist das Hotel verlässt, begleitet ihn eine Leibwache in Zivil, zu Fuß, im selben Taxi, im einem nachfolgenden Wagen. Jeder Schritt wird über ein krächzendes Walkie-Talkie gemeldet. Bei Gesprächspartnern warten die Leibwächter auf Wunsch draußen. Ins Restaurant werden sie von resignierenden Schutzobjekten manchmal eingeladen. Wenn nicht, setzen sie sich an einen Extratisch oder bleiben im Auto. Zu Fremden sind Algeriens Leibwächter immer freundlich, oft sogar hilfsbereit. Aber ohne Gorilla geht gar nichts.

Absturz der Concorde: Terror, und kein Ende

Algeriens ehemaliger Präsident Chadli Bendjedid, den seine Generalskameraden im Januar 1992 abgesetzt hatten, weil er sich einem sicheren Wahlsieg der Islamischen Rettungsfront FIS nicht in den Weg stellen wollte, hat neun Jahre danach erstmals die Politik seiner Nachfolger kritisiert. In einem Zeitungsinterview brach er das Schweigen mit dem Satz: »Man kann nicht vorgeben, einen Rechtsstaat aufbauen zu wollen, und dabei das Urteil der Wahlurnen umstürzen.« Nach seinen Vorstellungen, wäre es besser gewesen, der Entwicklung ihren Lauf zu lassen, bis »das wahre Gesicht der FIS« zutage getreten wäre. Die Führer der Islamisten nannte Bendjedid »politische Heuchler, die die Religion benutzen, um an die Macht zu kommen«.

Nach einem Jahrzehnt des Bürgerkriegs behauptet kaum mehr jemand, die Absetzung der ersten und einzigen freien Wahlen in der Geschichte des Landes sei das kleinere Übel gewesen. Die Demokratie, die durch den Staatsstreich geschützt werden sollte, gab es sowohl vorher als auch nachher allenfalls in Ansätzen. Nach wie vor werden fast jede Woche Attentate und Massaker gemeldet. Ein vertraulicher Bericht des Militärischen Sicherheitsdienstes enthüllte, dass während des Jahres 2000 mehrere tausend Mitglieder islamistischer Kampfgruppen im Untergrund getötet worden seien, aber auch 603 Angehörige der Sicherheitskräfte und 117 bewaffnete Dorfwächter. Die Zahl der ermordeten Zivilisten wird nicht aufgeführt. Die Rede ist nur von über siebzig Massakern mit jeweils mehr als acht Opfern.

Die algerische Zeitung *Libération* gibt einen makabren Witz wieder, laut dem der Absturz der Concorde in Frankreich hundert Tote gefordert habe, der Absturz der algerischen »Concorde« aber tausende. Gemeint ist die »zivile Eintracht« (französisch: Concorde), die Präsident Bouteflika durch Teilamnestie und Wiedereingliederung reuiger Terroristen in die Gesellschaft herstellen wollte. Inzwischen gilt das Projekt der Eintracht weitgehend als Fehlschlag. Die Islamische Rettungsarmee AIS, der bewaffnete Arm der FIS, hatte sich schon vorher mit den Militärs arrangiert und für 1. September 1997 einseitig Waffenruhe verkündet. Die meisten der etwa zweitausend Reuigen kommen aus den Reihen der AIS. Zwei radikalere Gruppen haben sich jedoch weder diesem Waffenstillstand angeschlossen noch gingen sie auf Bouteflikas Angebot ein.

Die GIA (Bewaffnete Islamische Gruppen) des Antar Zouabri, der Anfang des Jahres 2002 nach langer Jagd getötet wurde, sind vor allem im Gebiet von Blida aktiv. Ihnen werden die meisten Massaker an Dorfbewohnern angelastet. Die GSDJ (Salafistische Gruppe für Predigt und Glaubenskampf) unter Hassan Hattab operiert vorwiegend östlich von Algier, darunter in der Kabylei. Ihre Anschläge zielen in erster Linie auf Militär und Polizei. Nach wie vor treten Terrorgruppen in einem großen Teil Algeriens von der tunesischen Grenze im Osten bis nach Tipasa im Westen auf. Relativ sicher sind nur Algier und andere große Städte sowie die Oasen der Sahara. Die Untergrundgruppen sind geschwächt, aber von ihrer so oft angekündigten Eliminierung kann nach dem Urteil von Sicherheitsexperten keine Rede sein. Sie sollen im Gegenteil sogar professioneller geworden sein.

Antar Zouabris Ende hatte die Presse von Algier in den letzten Jahren mehrfach fälschlich gemeldet. Der Tod holte ihn an seinem Heimatort Boufarik (35 Kilometer südwestlich der Hauptstadt) bei einem Schusswechsel zusammen mit zwei Genossen ein. Zeitungen brachten diesmal zum Beweis Bilder des 32-jährigen Toten. Boufarik liegt in der Mitidja-Ebene, wo 1997 die schlimmsten Gräueltaten des Bürgerkrieges verübt worden sind. In mehreren Dörfern wurden damals bei nächtlichen Überfällen jeweils hunderte von Einwohnern niedergeschlachtet, ohne dass nahe Armee- oder Polizeikräfte eingriffen.

Obwohl es weiterhin fast jede Woche zu Zwischenfällen kam, war die Gewalt in den vergangenen drei Jahren abgeflaut. Mit Beginn des Jahres 2002 erreichte sie hingegen neue Höhepunkte. Dies wird mit dem Ansteigen des sozialen Druckes im Vorfeld der Parlamentswahlen erklärt. Für das Regime sind inzwischen Ausbrüche von Unzufriedenheit ein mindestens so großes Problem wie der Terrorismus. In der Kabylei sind Krawalle – so die Zeitung *Le Monde* – zur »bevorzugten Form des Dialogs der Bürger mit dem Staat« geworden.

Doch auch in anderen Teilen des Landes haben Pannen gewaltsame Proteste und Zerstörung von öffentlichen Einrichtungen zur Folge: Wenn kein Wasser aus dem Hahn fließt, wenn ein Säugling in einem Spital nach einer Impfung stirbt, wenn Bürgermeister ihre Gemeinden vernachlässigen, wenn es an Arbeitsplätzen und Wohnungen fehlt. Aus der Verwaltung, die eine Million Algerier beschäftigt, sickert durch, dass nach der Wahl große Entlassungen erfolgen sollen.

Ob Zouabris Tod eine entscheidende Schwächung der GIA bedeutet, ist ungewiss. Sie sind keine straff geführte Organisation, sondern ein loses Geflecht von Banden. Zouabri hatte sich seit 1996 halten können. Seine sieben Vorgänger waren meist in kürzerer Zeit von Agenten des Geheimdienstes eliminiert worden und wurden bald ersetzt. Einer starb in Rivalitätskämpfen, bei denen offenbar ebenfalls die Dienste ihre Hand im Spiel hatten. Für sie waren Wechsel an der GIA-Spitze stets eine Gelegenheit, die Gruppen zu infiltrieren. Die Gruppe für Predigt und Glaubenskampf von Hassan Hattab hatte sich schon vor Jahren wegen der Gräuel von der GIA gelöst. Nun ist der desertierte Fallschirmjäger Hattab dabei, zur führenden Figur des Untergrunds zu werden. Von den Rückschlägen der GIA ist seine Gruppe nicht betroffen.

Wenn in Algerien täglich Gräuel begangen werden, deren Bestialität sich mit dem Vokabular hartgesottener Reporter nicht mehr beschreiben lässt, stellt sich von selber die Frage: Was unterscheidet dieses Land am Mittelmeer von anderen? Eine Antwort kann nur Annäherungswerte geben, denn selbst die fortschreitende Gewöhnung an Grausamkeiten, die in einem endlosen Bürgerkrieg eintritt, erklärt nicht alles.

Die Geschichte ist mit Algerien nicht freundlich umgegangen. Aber die Zeiten, in denen die Franzosen die »Pazifierung« ihres Territoriums zeitweise mit Methoden durchsetzten, die nicht weniger Opfer forderten als die heutigen Massaker, liegen weit zurück. Viel kleiner ist der Abstand zum Befreiungskrieg. Er wurde auf algerischer Seite von der FLN, dem Vorläufer des heutigen Macht- und Militärapparats, bereits mit einer Härte geführt, die sich noch mehr gegen anders denkende Landsleute als gegen Frankreich richtete.

Wer sich dem Aufstand nicht anschloss oder gar mit den Franzosen zusammenarbeitete, galt als Verräter, den man nicht zu überzeugen brauchte, sondern ausrottete. Barbarische Massaker an Dorfbewohnern gab es schon damals. Das schlimmste wurde im Dorf Melouza verübt, wo FLN-Kämpfer an einem Tag dreihundert Männer, Frauen und Kinder abschlachteten. Ähnlichkeiten mit dem, was jetzt geschieht, sind nicht zufällig. Französische Soldaten hatten damals für durchschnittene Kehlen das grausame Wort »das Lächeln des Kabylen«.

Mit den *harkis*, den algerischen Hilfstruppen der Franzosen, söhnte man sich nach dem Sieg nicht aus. Die Zahl der *harkis* und ihrer Angehörigen, die nicht fliehen konnten und umgebracht wurden, dürfte zwischen sechzig- und hundertfünfzigtausend liegen. Sogar die Enkel von *harkis*, die in Südfrankreich leben, werden von den meisten Algeriern noch immer gemieden.

Komplize des Verbrechens: Ein Offizier packt aus

Als der einstige algerische Fallschirmjäger-Leutnant Habib Souaidia zum ersten Mal Zeugnis der Gräuel ablegte, die von Sicherheitskräften des Regimes verübt worden sind, erschien alsbald Geheimpolizei bei seinen Angehörigen. Der Autor befand sich im Juni des Jahres 2000, als die Pariser Zeitung *Le Monde* jene Darstellung veröffentlichte, bereit im französischen Exil. Sein Buch, das im folgenden Februar in Frankreich herauskam und später auf Deutsch, erregte sofort ungeheures Aufsehen. Denn es bestätigt, was sowohl politische Gegner als auch unverdächtige Menschenrechtsorganisationen immer schon behaupteten: Ein großer Teil der Massaker an Zivilpersonen wird im Auftrag der herrschenden Militärs angezettelt, um die Islamisten zu belasten, beziehungsweise um die eigenen korrupten Geschäfte zu verschleiern.

Der »Schmutzige Krieg« ist genau das, was sein Titel erwarten lässt, keine angenehme Lektüre. Das Buch kommt zu einer Zeit, da die westliche Öffentlichkeit weniger denn je dazu neigt, sich wegen der Methoden bei der Bekämpfung radikaler Fundamentalisten Skrupel zu machen. Mindestens im Falle Algeriens, zwei Stunden von Europa entfernt, sollte man dennoch darüber nachdenken, ob zwischen der terroristischen Gewalt von Islamisten und der systematischen Verletzung von Menschrechten durch die Regenten ihrer Länder ein Zusammenhang bestehen könnte. Dass westliche Regierungen daran geflissentlich vorbeischauen, hat jedenfalls bisher jede politische Lösung erschwert.

Der Autor schont niemanden, auch sich selber nicht. Mit 24 Jahren als Leutnant zu den Sicherheitskräften kommandiert, ahnte er nicht, dass er und seine Kameraden »zu regelrechten Monstern verkommen würden«. So schildert er mit vielen Einzelheiten, wie Kollegen einen 15-Jährigen bei lebendigem Leib verbrannten, wie auf bloßen Verdacht hin routinemäßig gefoltert und gemordet wurde, wie der Kopf eines Islamistenführers dem Chef der algerischen Sicherheitsdienste in einem Sack in die Hauptstadt und auf dessen Schreibtisch geliefert wurde.

Während einer nächtlichen Operation holte Souaidia eine Gruppe von Soldaten in Zivil aus der Nähe eines Dorfes ab, dem islamistische Sympathien nachgesagt worden waren. Ein Kamerad, den er kannte, machte mit einem blutigen Dolch die Geste des Halsabschneidens. »Es war das erste Mal, dass ich mich als Komplize eines Verbrechens fühlte«, schreibt Souaidia. Am nächsten Tag meldeten die Zeitungen, Terroristen hätten im Dorf ein Dutzend Menschen ermordet. Souaida entlastet nicht die Islamisten, die gleichfalls »schreckliche Verbrechen« begehen. Und er nennt die Namen der Verantwortlichen auf Seiten des Regimes: die Generäle Khaled Nezzar, ehemaliger Verteidigungsminister, Smain Lamari, Sicherheitschef, und Mohamed Mediene, dessen rechte Hand.

Das Buch ist schwer zu lesen und schwer zu widerlegen. Dennoch wird es versucht. Nezzar hat Souaidia wegen Verleumdung verklagt und kam zum Prozess nach Paris. Aber das Verfahren zieht sich hin. Im vorletzten Frühling reiste der General schon einmal plötzlich aus Frankreich ab, weil er Strafverfolgung fürchten musste – obwohl ihn im Prinzip sein lebenslänglicher Diplomatenstatus schützt. Eine Reihe kämpferisch laizistischer Publikationen in Frankreich versucht, dem Autor Fehler und Irrtümer nachzuweisen. Oder er soll als Schwindler diskreditiert werden, weil Souaidia nach seiner Militärzeit wegen angeblichen Handels mit gestohlenen Autoteilen vier Jahren im Gefängnis saß. »Unschuldig« behauptet dieser. Man habe seine unzuverlässige Gesinnung durchschaut und ihn mundtot machen wollen.

Doch Souaidia hat auch viele Verteidiger, an erster Stelle Ferdinando Imposimato, der in Italien als Richter durch seine Ermittlungen gegen Mafia und Terroristen bekannt wurde. Imposimato, der inzwischen Vizepräsident h. c. des Kassationsgerichts in Rom wurde, schreibt in seinem Vorwort zum »Schmutzigen Krieg«, ihm sei in Algerien immer die Kluft zwischen Wirklichkeit und ihrer Darstellung durch die Medien aufgefallen. Er hatte stets den Verdacht, dass »der institutionelle Sicherheits- und Repressionsapparat, oder zumindest Teile davon, in einem so großen Ausmaß, wie es der Autor aufzeigt, in die Gräueltaten verstrickt sein könnte«.

Es hatte vor diesen Enthüllungen oder danach nur einen ernsthaften Anlauf gegeben, den Bürgerkrieg und seine Gräuel zu beenden: die Plattform von Sant' Egidio, jener kirchlichen Laienorganisation, die im Januar 1995 die Mehrheit der politischen Kräfte Algeriens in Rom versammelte. Damals einigten sich die verbotene Islamische Rettungsfront FIS, die ehemalige Staatspartei FLN, die Berberpartei FFS von Ait Ahmed, die Gruppe von Expräsident Ahmed Ben Bella und verschiedene linke Organisationen auf ein Friedensprogramm. Es sah ein Ende der grausamen Kämpfe vor, die Möglichkeit zum Machtwechsel durch freie Wahlen, die Verankerung des Mehrparteiensystems, die Herstellung eines Rechtsstaates, die Nichteinmischung der Armee in die Politik, die Anerkennung der Menschen- und Bürgerrechte sowie die Freilassung der politischen Gefangenen. Die Unterzeichner hatten bei den einzigen freien Wahlen Algeriens im Dezember 1991 zusammen vier Fünftel der Wähler hinter sich. Doch das Regime lehnte ab.

In deutscher Sprache gab es lange keine fundierte Darstellung dieses Versuchs. Bis zwei Autoren, die die Vorgänge von innen kennen, seine Hintergründe offenlegten. Marco Impagliazzo ist Universitätsdozent in Rom, Mario Giro ist im christlichen italienischen Gewerkschaftsbund CISL verantwortlich für internationale Politik. Beide gehörten zu den Organisatoren des Treffens. Sie schildern dessen Vorgeschichte, die Haltung der Teilnehmer, die Hindernisse, die Debatten. Aber das ist nicht alles. Ihr Werk gibt ein zutreffendes Bild der sozialen Verhältnisse und der politischen Zeitgeschichte Algeriens. So beschreiben die beiden Kenner das Fehlschlagen der 1988 eingeleiteten Demokratisierung, die Rolle der Armee und das Abgleiten in den Bürgerkrieg nach Absetzung der Wahlen durch den Staatsstreich vom Januar 1992. Auch bei den Islamisten im Untergrund kennen sich die Initiatoren von Sant' Egidio gut aus. Ihr Werk ist eine Fundgrube biografischer Einzelheiten.

Als die Chance der Plattform von Sant' Egidio vertan war, steigerten sich Terror und Gegenterror zu einem blutigen Furioso. Weit mehr als hunderttausend Algerier zahlten mit ihrem Leben, während – die Autoren übersehen es nicht – das für die Mächtigen so einträgliche Erdölgeschäft weitergeht. Impagliazzo und Giro glauben nicht, dass der Krieg militärisch beendet werden kann.

Ein neuer Stern am Himmel: Kapitalismus unter Funktionären

Seit islamistische Terroristen 1995 eine Air-France-Maschine nach Marseille entführt hatten, konnte man von Frankreich nach Algerien nur in den stets überfüllten Flugzeugen der staatlichen Air Algérie fliegen, die den Komfortstandard aus der sowjetischen Epoche von Aeroflot am Leben hält. Seit Frühling 2002 besteht wieder Konkurrenz: Von Marseille, Lyon und Lille aus – alles Schwerpunkte der algerischen Diaspora in Frankreich – fliegt jetzt die private Air Lib in Partnerschaft mit der gleichfalls privaten algerischen Khalifa Airways. Besitzer der Fluglinie ist der erst 36-jährige Rafic Khalifa. Er kontrolliert eines der größten Vermögen seines Landes und wenn es eine Symbolfigur der Sonnenseite des neuen Algerien gibt – er ist es.

Zu seinem Imperium gehört zunächst das Pharma-Unternehmen KRG, denn Khalifa ist studierter Apotheker. Ein zweites Juwel in seiner Krone ist die El-Khalifa-Bank, das größte private Geldinstitut Algeriens. Dann sind da noch eine zweite Fluglinie, Antinea, die Mietwagenagentur Khalifa Rent a Car, der arabischsprachige Nachrichtesender *ANN* in London und nicht zuletzt die Erste Rosenheimer Privatbank. Eine Bank in Frankreich soll folgen. Auf einer Pressekonferenz in Frankfurt bekundete Khalifa Interesse am Kauf der bankrotten Baufirma Holzmann. Der jährliche

Umsatz seiner Gruppe wird auf mehr als eine Milliarde Euro geschätzt. Bei Airbus hat Khalifa 18 Maschinen im Wert von 1,6 Milliarden Euro bestellt, darunter drei A 340-500. Er ist damit auf dem afrikanischen Kontinent zum größten Airbus-Kunden nach Egypt Air geworden. Schon jetzt fliegen seine beiden Gesellschaften mit insgesamt dreißig Maschinen sieben internationale Bestimmungsorte und zwei Dutzend Ziele in Algerien an. Die meisten Verbindungen sollen nicht rentabel sein.

Wenn der Jungunternehmer auf Reisen geht, dann gewöhnlich in seiner Privatmaschine, die den Namen »Challenger« trägt. Als die Fußballmannschaft Olympic Marseille, deren Hauptsponsor Khalifa seit Juli 2001 ist, in Algier gegen die Nationalmannschaft seines Heimatlandes spielte, ließ er Catherine Deneuve und Gérard Depardieu einfliegen. Der Schriftsteller Marek Halter schlug auf seinem Weg in den Nahen Osten einen Haken über Algier, um Khalifa zu treffen. Der liebt solche Gesten und Publizität, empfängt aber ungern Journalisten.

Drei Jahre zuvor hatte ihn noch kein Mensch gekannt. Woher sein Geld kommt, darüber darf spekuliert werden. Beim Start scheint die El-Baraka-Bank, ein Institut mit saudischem Kapital, geholfen zu haben. Vor allem jedoch braucht man für solche Erfolge Verbindungen, besonders in Algerien. Das fängt schon mit den Eltern an. Der Vater des Wunderkindes war Minister für Industrie und Bergbau sowie Präsident der Air Algérie. Die Generaldirektorin von Khalifa Airways France, seine Tante Djaouida Jazaerli, beschreibt die Familie lapidar als »reich und mächtig«. An *baraka* (Glück) fehle es natürlich auch nicht. Über einen libanesischen Lobbyisten bestehen gute Beziehungen zum tunesischen Präsidenten Ben Ali. Den richtigen Anwalt hat Khalifa sich gleichfalls genommen. Er heißt Abdelghani Bouteflika und ist ein jüngerer Bruder des Staatspräsidenten.

Des Präsidenten persönlicher Polizeistaat: Alles funktioniert bei Ben Ali

Einst war hier Militärgelände, beinahe naturbelassen, ein grünes Reservat auf dem Hügel von Sidi Bou Said. Mit seinen einheitlich weißen arabischen Gassen und den türkisfarbenen Pforten seiner Häuser ist es Tunesiens ansehnlichster Ort. Paul Klee und August Macke haben ihn gemalt. Französische Ästheten hätschelten seine mondäne Seite. Von den Terrassen ihrer ruhigen Villen blicken die Reichen der nahen Hauptstadt aufs blaue Meer. Nur einen verfallenen Geschützbunker gab die Armee nach der Bebauung für Spaziergänger frei. Den Rest des Areals hat Präsident Zine el-Abidine Ben Ali mit seiner Villa hinter obligaten weißen Mauern belegt: Von einer öffentlichen Hand in die andere. Sein Tunesien funktioniert gut.

Er ist seit 15 Jahren an der Macht. Als er Habib Bourguiba absetzte, den Vater der Unabhängigkeit, war Ben Ali die Hoffnung aller, die sich nach Liberalisierung sehnten. Er selber sagte damals, das Land und seine Gesellschaft seien reif für Demokratie. Aber daraus wurde nichts. Nach einer kurzen Periode der Öffnung wurde das schon vorher autoritäre Regime zur immer rigoroseren, mit moderner Technik perfektionierten Ein-Mann-Herrschaft. Bourguibas Beerdigung im Jahr 1999 musste vom Protokoll und den Medien ganz klein gespielt werden. Denn viele Tunesier denken inzwischen mit Wehmut an eine Zeit, in der die Staatsgewalt noch handwerklich arbeitete.

Aus dem Präsidentenpalast von Carthago zitieren Informierte ein Wort des Staatschefs, das wie ein Leitmotiv wiederkehren soll: »Ich weiß alles. Ich bin über alles auf dem Laufenden.« Ben Ali hat zwei Leidenschaften, Sicherheit und Informatik. Ihm wird nachgesagt, er bringe halbe Nächte am Computer zu, ordne selber Überwachungen an, betrachte stichprobenweise, wer ein- und ausreist, kümmere sich um jede Verhaftung. Bourguiba kam mit vierzigtausend Polizisten aus. Ben Ali beschäftigt 130.000 Sicherheitsleute der verschiedenen Kategorien – so viele wie Frankreich, das aber sechsmal mehr Einwohner hat. Auf ihren Kennkarten tragen Tunesier einen Strichcode mit sich. Durch ihn lässt sich bei der zentralen Datenbank des Innenministeriums jederzeit alles Wichtige abfragen: eventuelle Strafen des Trägers, Angaben zu seiner beruflichen Laufbahn, Informationen zu seiner politischen Überzeugung oder auch Kompromittierendes aus dem Privatleben.

In einem Interview sagte der Fußballer Ronaldo dem Pariser *Figaro* einmal, er träume von einem Schloss in Argentinien, »so schön wie das von Präsident Ben Ali«. Prompt zogen Tunesiens Zensoren die Nummer der Zeitung ein. Das Wochenblatt *Nouvel Afrique-Asie* brachte ahnungslos ein bereits älteres Foto des Präsidenten mit grau meliertem Haar. Die Ausgabe wurde beschlagnahmt. Der Personenkult gebietet, dass das Haar des heute 65-jährigen Staatschefs allzeit voll und jugendlich dunkelbraun zu sein hat. In einem ganz unpolitischen Theaterstück kam als Person der Handlung eine Friseuse vor. Eine spöttische Anspielung auf Ben Alis zweite Frau Leila? Besser verbieten.

Aus dem antiken Ruinenfeld von Carthago ragen Baukräne empor, darunter ein gelber mit dem Namen einer deutschen Firma. Ein großes Terrain zwischen Grundmauern der christlichen Basilika Damous el Karita, römischen Villen und dem Odeon ist planiert. Der Präsident errichtet in der Nähe des Palastes seine eigene große Moschee. »In zwei Jahren ist sie fertig«, sagen Bauarbeiter optimistisch. Danach braucht Ben Ali zum öffentlichen Gebet an hohen Feiertagen nicht mehr die historische Zeitouna-Moschee in der Medina von Tunis aufzusuchen.

Überall im Land werden neue Moscheen gebaut. Bemüht sich der Präsident um einen Modus Vivendi mit dem politischen Islam? Es gibt dafür Anzeichen. Nachdem er an die Macht gelangt war, hatte Ben Ali den Fundamentalisten zunächst einen gewissen Freiraum eingeräumt. Bei den Wahlen von 1989, zu denen sie unter anderem Etikett antreten mussten, erhielten sie landesweit rund 15 Prozent der Stimmen, in einigen Städten bis zu dreißig Prozent. Sogar eine kleine Zeitung hatten sie zeitweise. Offenbar überschritten sie den Rubikon, als sie Zellen in der Armee bildeten. Ben Ali schlug zu: Dreitausend Verdächtige wurden verhaftet, 265 Angeklagte im Jahr 1992 zu Strafen bis zu »lebenslänglich« verurteilt, trotz Protesten gegen Willkür, Folter und erpresste Geständnisse. Sicherung des Machtmonopols und der laizistischen Lebensformen sind die Motive für die Unterdrückung der Islamisten. Ein materieller Grund wird selten genannt: Einige Attentate und Tunesiens wichtigste Devisenquelle, der Tourismus, wäre von Austrocknung bedroht.

Ein Jahrzehnt nach den Prozessen sind nach Angaben von Menschenrechtsgruppen etwa tausend Islamisten (und drei Kommunisten) noch immer im Gefängnis. Mit langen Hungerstreiks protestierten sie wiederholt gegen die Haftbedingungen. Doch sechshundert andere Fundamentalisten hat Ben Ali 1999 begnadigt. Der Herausgeber eines gemäßigten Londoner Islamisten-Blattes handelte in einem geheimen Gespräch mit dem Präsidenten zusätzlich aus, dass hunderte von Reuigen aus dem Exil heimkehren dürften, wenn sie schriftlich ihren Verzicht auf politische Betätigung erklärten. Der gleichfalls in London lebende Chef der tunesischen Islamisten, Rachid Ghannouchi, und andere prominente Führer wollten sich darauf nicht einlassen. Aber Ghannouchi mäßigte seine Polemik gegen Ben Ali.

Durch das Manöver schwächte der Präsident den radikalen Flügel der Fundamentalisten, der den Kampf fortsetzen will. Die Gemäßigten wiederum glauben, dass sie ihre Bewegung vor dem langsamen Tod gerettet haben: Sie sind wieder da, kennen einander, besuchen einander im Suk und in den unteren Rängen der Verwaltung, leisten gegenseitige Hilfe, organisieren sich, diesmal ohne Aufsehen zu erregen. Nur ein einziges Mal begegnet mir in einer Altstadtgasse ein Mann mit dem Bart und dem unbeirrbar geraden Blick, die Fundamentalisten kennzeichnen. Er führt seine kleine Tochter an der Hand.

Die Hauptstraße von Tunis, derzeit Großbaustelle, heißt immer noch Avenue Habib Bourguiba. Sein Denkmal ist längst abgerissen. Nichts einzuwenden ist gegen das Monument des Geschichtsphilosophen Ibn Chaldun, hier geboren im Jahr 1322. Sein Lehrsatz, »Die Politik verlangt, dass ein Einziger die Macht ausübt«, muss dem Präsidenten gefallen. Gleichwohl entdecken manche im Herrschaftsmonolithen Ben Alis erste Haar-Risse, Indizien für Richtungskämpfe im Serail.

Für eine Sensation sorgt der Minister für Kommunikation und Menschenrechte, Slaheddine Maâoui, als er zu *Le Monde* sagt: »Wir können nicht mehr akzeptieren, dass die Informationen, die die tunesischen Medien verbreiten, unzulänglich sind. Wir müssen die Medien von ihrer Zwangsjacke befreien, damit sie nicht länger so langweilig-geschmacksneutral bleiben.« Der Minister erkennt an, »dass es in Tunesien Probleme in Sachen Menschenrechte gibt«. Er empört sich darüber, wenn eine bekannte Intellektuelle von der Polizei »brutal misshandelt worden ist«, spricht von einem »Ausrutscher«, einem »Einzelfall«, über den der Staatschef verärgert gewesen sei.

Für seine kritischen Äußerungen hatte Maâoui das Einverständnis Ben Alis. Doch die Nummer von *Le Monde* mit dem Interview darf in Tunesien nicht verbreitet werden. Zwei tunesische Zeitungen, die es nachdrucken, sammelt die Polizei wieder ein. Hat ein Vertreter der harten Linie den Präsidenten nachträglich umgestimmt? Oder war mit der Publikation im Ausland schon genug Imagepflege geleistet? »Wer berät den Präsidenten Ben Ali so schlecht?«, fragt wegen der Menschenrechtsverletzungen diplomatisch Marie-Claire Mendès France, die Witwe jenes französischen Regierungschefs, der dem einstigen Protektorat zur Unabhängigkeit verhalf. Die alte Dame hängt an Tunesien.

Carrefour bedeutet auf französisch Wegkreuzung. Diesen Carrefour steuert in der Stadtregion Tunis jeder an, der ein Auto hat, denn so heißt ein neues Handelszentrum zwischen den reichen Vororten Sidi Bou Said, Carthago und La Marsa und dem alten Stadtzentrum. Nicht nur um einzukaufen, sondern um zu schauen, kommen die Leute. Das Zentrum könnte überall in Europa stehen: Dutzende von Boutiquen der gängigen französischen Marken, ein namensgebender Supermarkt der Kette Carrefour mit fast fünfzig Kassen, riesige Parkplätze machen ihn zur Sehenswürdigkeit.

Ganz uneuropäisch sind dagegen die Scharen von Polizisten, die schon die Zufahrt aufmerksam bewachen, oder die Hundertschaft von Sheriffs, die im Inneren für strikte Disziplin sorgt. Ganz uneuropäisch ist, dass die staatliche Elektrizitätsgesellschaft für viereinhalb Millionen Euro eine Hochspannungsleitung unter die Erde verlegte, weil das Zentrum an dieser Stelle sonst nicht hätte gebaut werden können. Auch ein Kreisverkehr, Straßenerweiterungen und andere Infrastrukturleistungen hätten den Unternehmer anderswo viel Geld gekostet. Hier nicht. Denn der Carrefour-Betreiber heißt Slim Chiboub und jeder weiß, dass er nicht nur Präsident des populären Fußballclubs Esperance, sondern vor allem Schwiegersohn Ben Alis ist.

Ein besonderer Verkaufserfolg ist der »Familien-Computer«. Er kostet mit allem gängigen Zubehör nur umgerechnet 750 Euro und ist zu günstigen Kreditbedingungen zu haben, weil er auf Initiative des Präsidenten produziert wird. Als Informatikfex hatte Ben Ali einen Rückstand seines Volkes auf diesem Gebiet konstatiert. Der ist freilich nicht zufällig. Alle Internetverbindungen ins Ausland laufen über eine einzige vom Staat kontrollierte Agentur. Die Übermittlung verschlüsselter Daten ist genehmigungspflichtig. Der Schlüssel für jeden Code muss bei der Agentur hinterlegt werden. Die beiden Internetprovider und die zwei mobilen Telefonnetze des Landes gehören nahen Angehörigen des Staatschefs. Sein Tunesien funktioniert, auf allen Gebieten.

Der elegante, verbindliche Kommunikationsminister hatte im Gespräch versichert, die Klagen von Bürgerrechtlern beträfen seltene Pannen. Geschehen könne so etwas heute nur noch durch Eigenmächtigkeit untergeordneter Organe. Das Interesse des Auslands empfindet Maâoui deshalb als nicht maßstabgerecht. »Wir haben nichts dagegen, dass man uns beobachtet. Aber warum verbeißt man sich in uns? Warum nicht in andere? Wie, beispielsweise, finden Sie die Menschenrechtslage in Palästina?«

Moncef Marzouki ist das Opfer solcher Pannen. Vereinsamt und von Spannung gezeichnet, sitzt er in seinem Haus in der Nähe des Jachthafens El Kantaoui bei Sousse. Die tunesische Menschenrechtsliga, deren Präsident er war, wurde auf Klage regimenaher Mitglieder gerichtlich geschlossen. Die Universität Sousse, an der er Medizin lehrte, hat ihn entlassen. Im Dezember 2000 wurde er wegen »Verbreitung falscher Informationen« und »Betreibens einer nicht genehmigten Organisation« zu einem Jahr Gefängnis verurteilt. Die Strafe, die er bisher nicht antreten musste, hängt wie ein Damoklesschwert über ihm. Marzoukis elsässische Frau mit den beiden Töchtern, die den »Polizeirummel« satt hatten, ist längst nach Frankreich gezogen. Er selber darf nicht ausreisen. Eine Stelle in einem Hospital bei Paris, die ihm Freunde besorgt hatten, konnte er nicht antreten.

Während Marzouki mich vor seinem Haus begrüßt, fährt ein Polizeiauto vorbei. Nach dem Besuch werde ich drei Ecken weiter von einem Gendarmen auf schwerem Motorrad angehalten. »Autopapiere, bitte, Führerschein, Pass.« Mit den Dokumenten geht er zur Kabine eines Kollegen von der Verkehrspolizei. Es wird telefoniert und notiert. Erst, nachdem er noch gefragt hat: »Was machen Sie in Tunesien, wo wohnen Sie, sind Sie Tourist, wann reisen Sie aus?«, wünscht der stets lächelnde, immer höfliche Gendarme nach einer Viertelstunde »Gute Fahrt!«.

Der Zufall macht seine Sache gut. Beim letzten Gang durch Tunis werde ich abermals zum Einzelfall. Ich bin in der katholischen Kathedrale aus der Kolonialzeit, gehe durch Nebenstraßen, blicke in Auslagen, freue mich daran, dass die kleine russisch-orthodoxe Kirche nicht dem Bauboom zum Opfer gefallen ist, betrachte die undurchsichtig glänzenden Glasfassaden des neuen Hochhauses der Staatspartei RCD, wechsle mit harmlosen Passanten harmlose Worte, mache gelegentlich Notizen. In einem winzigen Schallplattenladen gegenüber dem Bahnhof fehlt plötzlich mein Notizblock. Weit kann er nicht sein. Vielleicht ist er beim Plattensuchen aus den Zeitungen in meiner Hand gerutscht. Während ich einen Verkäufer frage, sehe ich den Block in der Hand eines anderen jungen Mannes: Er mag gleichfalls Verkäufer sein, oder Amateur-Agent. Das Notizbuch im bunten Einband hält er zwischen Papieren verborgen und schaut verdattert, als ich es zurückverlange.

Erst spät am Abend, im Hotel, merke ich, dass alle beschriebenen Seiten des Heftes herausgerissen wurden, die Notizen vorne, die Adressen hinten. Ben Alis Tunesien funktioniert wirklich gut.

Bescheidener Wohlstand für viele: Die Basis der Stabilität

Hätten sich die Deutschen im letzten halben Jahrhundert vermehrt wie die Tunesier, dann wären sie heute mehr als zweihundert Millionen: Seit Tunesien 1956 seine Unabhängigkeit erlangte, hat das Land seine Einwohnerzahl auf 9,4 Millionen verdreifacht. Dabei ist es während dieser Zeit sogar gelungen, den jährlichen Geburtenüberschuss von drei auf 1,5 Prozent zu verringern. Entspräche das durchschnittliche Pro-Kopf-Einkommen der Bundesbürger dem der Tunesier, dann müssten sie wie diese mit 2200 Dollar im Jahr auskommen, einem Fünftel dessen, was Griechen und Portugiesen, die Ärmsten in der EU, hervorbringen. Hätte Deutschland proportional so viele Arbeitslose wie das kleinste Land im Maghreb – es wären mindestens 25 Millionen. Von Stabilität wäre dann keine Rede mehr.

Gemessen an solchen Bedingungen, hat Tunesien sich besser geschlagen als seine an Erdöl reichen Nachbarn Algerien und Libyen oder das viel größere, aber viel ärmere Marokko. Analphabetismus ist in Tunesien im Absterben. Rund 2,6 Millionen junge Tunesier gehen zur Schule, von den Sechsjährigen beider Geschlechter 99 Prozent. Die Rechtsstellung der Frauen und ihre Entfaltungsmöglichkeiten im Berufsleben sind besser als irgendwo in der arabischen Welt. Die Islamisten sind im Gefängnis, im Exil, zum Schweigen gebracht und jedenfalls keine unmittelbare Bedrohung des Regimes mehr – falls sie es je waren.

Eine positive Bilanz? Nicht auf der politischen Seite. Denn die Ruhe, die Präsident Zine-al-Abidine Ben Ali und seine Gefolgsleute rühmen, wird durch ein autoritäres System gesichert, wie es sonst nirgends mehr im Vorhof westlicher Demokratien existiert. Der Präsident allein entscheidet in Tunesien über alles. Seine Einheitspartei RCD (Rassemblement Constitutionnel et Démocratique), weitgehend identisch mit dem Staatsapparat, sowie eine allgegenwärtige Polizei sind die Ausführungsorgane.

Doch erstmals mucken nicht allein prinzipielle Regimegegner auf. Im Jahr 2000 haben 93 bekannte Persönlichkeiten der zivilen Gesellschaft ein »Manifest der fortschrittlichen Demokraten Tunesiens« veröffentlicht. Nicht Menschenrechtskämpfer und die sonstigen üblichen Verdächtigen sind die Unterzeichner, sondern Universitätsprofessoren, Anwälte, Mediziner, hochrangige Fachleute verschiedener Gebiete und Journalisten. Viele von ihnen waren selber Diener des Apparats. Einer der Hauptinitiatoren des Manifests, Mohamed Charfi, hat als Erziehungsminister unter Ben Ali fünf Jahre lang die tunesische Schul- und Hochschulreform verwirklicht.

»Es ist keine Kriegserklärung, sondern eine Friedenserklärung«, sagt Charfi. Dem tunesischen Volk solle damit eine erschütterungsfreie Zukunft ermöglicht und dem Staatschef ein unrühmlicher Abgang wie der des Staatsgründers Habib Bourguiba erspart werden: »Als Befreier von französischer Herrschaft zog Bourgouiba durch das große

Portal in die Geschichte ein, durch den Lieferanteneingang musste er gehen.« Charfi spielt darauf an, dass der senile Bourguiba, inzwischen Präsident auf Lebenszeit, von seinem Kronprinzen Ben Ali mittels ärztlicher Zeugnisse 1987 in den Zwangsruhestand geputscht wurde. Das Manifest zielte auf das Jahr 2004. Ben Alis dritte Amtszeit läuft dann ab und nach dem bisherigen Wortlaut der Verfassung hätte er nicht wiedergewählt werden können.

So etwas lässt sich ändern. Und es wurde geändert, wie sich zeigen sollte. Ben Alis algerischer Kollege Bouteflika hatte den Rechtslehrer Charfi zu einem Beratungsgespräch über die Reform seiner eigenen nationalen Erziehung eingeladen. Tunesiens Herrscher scheint indessen so aufgebracht gewesen zu sein, dass er eine Absage aus Algier erwirkte. Er verbat sich den Affront. »Die Unterzeichner haben nichts riskiert und nichts bewirkt«, wiegelt der tunesische Minister für Kommunikation und Menschenrechte, Slaheddine Maâoui ab. »Gegen keinen von ihnen wurde irgendetwas unternommen. Tunesien ist nicht der Gulag unter einer Bleiglocke, als den sie unser Land schildern.«

Schon als ein Einzelgänger wie der Journalist Taoufik Ben Brik ein Jahr zuvor durch seine Bücher den Präsidenten herausforderte, konnten die üblichen administrativen Schikanen und Gewalt gegen wehrlose Sympathisanten dessen Hungerstreik nicht mehr brechen, noch weniger die Solidarität ausländischer Freunde. Umso besser weiß Ben Ali, dass er seinen Repressionsapparat nicht gegen Honoratioren in Gang setzen kann, ohne seine Beziehungen zur Außenwelt zu beschädigen. Ohnehin fehlt es nicht an kritischen Stimmen aus Europa. Und Tunesien hat ein Assoziierungsabkommen mit der EU.

Viele Tunesier glauben wie Charfi, dass das System durch seine Unbeweglichkeit und Korruption inzwischen vom Stabilitätsfaktor zum Entwicklungshemmnis geworden ist. »Wir haben kein Programm«, beteuert der Professor. »Wir verlangen nichts anderes, als dass die Herrschenden das verwirklichen, was geschrieben steht und was sie immer predigen: Demokratie, Republik, Bürgerrechte, Freiheit, Pluralismus.«

Der Oberste Kämpfer: Gründervater Habib Bourguiba

Es gibt Menschen, die haben ihr Land so lange und so nachhaltig geprägt, dass sie ein Teil des nationalen und gesellschaftlichen Gewebes wurden. Es wäre unsinnig, sich darüber Gedanken zu machen, aus welchem Stoff die heutige Türkei besteht, ohne Atatürk zu erwähnen, obwohl der bereits vor mehr als siebzig Jahren starb. Habib Bourguiba, Tunesiens Führer in die Unabhängigkeit und langjähriger Präsident, hatte sich auf der nach ihm benannten Hauptstraße von Tunis als Reiter in Atatürk-Pose darstellen lassen. Das Denkmal ist von seinem Nachfolger Ben Ali entfernt worden, schon bevor Bourguiba am 6. April 2000 im Alter von 96 Jahren in seinem Heimatort Monastir starb. Er hatte sein Land drei Jahrzehnte lang mit praktisch unbegrenzter Macht beherrscht. Noch wenige Tage vor seinem Tod hatte er nach einer akuten Krise das Spital mit der Bemerkung verlassen: »So schnell sterbe ich nicht!« Er wurde in einem pompösen, moschee-ähnlichen Mausoleum mit goldener Kuppel beigesetzt, das er sich bereits in den siebziger Jahren auf einem Hügel vor der Stadtmauer seines Heimatortes hatte bauen lassen. Nicht weit davon stand ein weiteres Denkmal Bourguibas und seines Personenkultes: Es zeigte ihn als rundköpfigen Buben im Hemd, der entschlossen in die Zukunft schritt. Auch diese Statue wurde abmontiert.

Seine heutige Form als autoritär regierte Republik, die ihre Modernisierung am Vorbild Europas ausrichtet und dem politischen Islam kein Betätigungsfeld überlässt, hat Tunesien durch Bourguiba erhalten. Viele Tunesier erinnern sich beim Blick zurück mit Wehmut an seine Ära, in der die Allmacht des Staates, Zensur und Polizeigewalt weniger entwickelt waren. Der aus dem Kleinbürgertum stammende Bourguiba wurde als Achtjähriger zum Nationalisten, als er auf dem Platz vor der Kasba von Monastir mit ansehen musste, wie zwei Aufrührer von der französischen Protektoratsmacht mit der Guillotine hingerichtet wurden. Auf dem Lycée Carnot in der Heimat, wo er der Beste war, und später beim Studium an der Pariser Sorbonne wurde er gleichwohl zutiefst von Frankreich geprägt. Noch als greiser Expräsident spazierte er um fünf Uhr früh durch den Garten seiner Villa in Monastir und rezitierte dabei mit lauter Stimme Victor Hugo. Sein Leben lang schwebte ihm ein Tunesien vor, das den Herren von jenseits des Mittelmeers gleichrangig sein sollte.

Insgesamt hat Bourguiba, der aus Frankreich auch seine erste Frau holte, mehr als ein Jahrzehnt in Gefängnissen der Kolonialmacht verbracht. Das politische Instrument des jungen Anwalts wurde die Neo-Destour-Partei, die unter ihrer gewandelten Bezeichnung Demokratische Sammlungsbewegung für die Verfassung (Rassemblement Constitutionnel et Démocratique, RCD) nach wie vor die maßgebende politische Formation des Landes ist. Aus der französischen Haft wurde Bourguiba einmal, im Jahr 1943, durch den

Lyoner Gestapochef Klaus Barbie befreit und in die Heimat geschickt: Die Achsenmächte hofften, er würde Tunesiens Unabhängigkeitsbewegung auf ihre Seite bringen. Schon aus dem Gefängnis hatte er indessen seine Leute angewiesen, Kontakt zu den Freien Franzosen Charles de Gaulles zu suchen. Dieser wiederum wollte von Bourguiba nichts wissen. Als der endgültig Befreite 1955 per Schiff heimkehrte, fuhr ihm vor Tunis eine Flotte von Seglern, Ruderbooten, Schleppern, Jachten entgegen, um ihn im Triumph einzuholen.

Enttäuschung griff um sich, als Bourguibas Wirtschaftspolitik sich als wenig erfolgreich erwies. Im Zeichen des Sozialismus experimentierte der Präsident im unabhängigen Tunesien zuerst mit Genossenschaften, Dirigismus und Staatsmonopolen, zeitweise nach osteuropäischen Modellen. Ein Schwenk zur freien Wirtschaft und seine zweite Ehe mit einer Frau aus der reichen Handelsbourgeoisie von Tunis brachten Bourguibas Regime in den Ruf der Korruption. Dennoch genoss der »Oberste Kämpfer« immer den Respekt der meisten Landsleute. »Ich durfte in Gegenwart meines Vaters kein kritisches Wort über ihn sagen«, berichtet ein Intellektueller noch Jahrzehnte später. »Aber paradiesisch waren die Verhältnisse auch damals nicht. Der Blick zurück verklärt immer.«

Das Reich des Obersten Kämpfers: Verklärte Vergangenheit

Der Hafen liegt verwaist. Die meisten Jachten aus der Karibik oder von der Côte d'Azur, von der amerikanischen Ostküste und den Häfen Nordeuropas haben sich vor dem tunesischen Winter in wärmere Gewässer geflüchtet. Die Bar im Wasser, ein Ausschank inmitten eines Schwimmbassins auf der Hotelterrasse, an der sich die Gäste zugleich äußerlich und innerlich erfrischen können, ist geschlossen. Nachtclubs und Diskotheken, Boutiquen und Restaurants funktionieren mit halber Kraft. Auf dem Golfplatz (73 Hektar, 28 Löcher), um die Reitställe, auf den Tennisplätzen ist etwas mehr Betrieb. Port El Kantaoui ist der größte, modernste und teuerste Touristikkomplex Tunesiens.

Es wirkt, auf den ersten Blick, nicht als Fremdkörper in der Landschaft: Das Dorf der Ferienvillen und Eigentumswohnungen neben den Hotels, ist dem schmuckesten Ort des Landes, Sidi Bou Said, nachempfunden, an dessen weißen Mauern, türkisfarbenen Fensterläden und dunklen Holzbalken schon Paul Klee und August Macke ihre Freude hatten. Die Ladenstraße, in der während der Saison Touristen aus Europa und reiche Araber vom Golf flanieren, gleicht einem orientalischen Basar. Dem zentralen De-luxe-Hotel haben die Architekten die Fassade eines Wüstenforts gegeben.

Einst gehörte das Gelände an der Küste nördlich von Sousse Bauern. Die Elektrokarren fußfauler Golfspieler fahren noch an ihren Olivenbäumen vorbei. Als das Terrain Ende der siebziger Jahre enteignet wurde, erhielten die Landwirte als Entschädigung dreihundert Millime pro Quadratmeter, was gemäß damaligem Wechselkurs etwa 75 Eurocent entsprochen hätte. Einige wagten, zu prozessieren und schlugen siebenhundert bis neunhundert Millime heraus. Die Erschließungsarbeiten wurden vom Staat geleistet. Wenn der Projektführer, eine Immobilienfirma, wenige Jahre nach Fertigstellung des Dorfes und des Großhotels Parzellen weiterverkaufte, dann kostete der Quadratmeter schon Mitte der achtziger Jahre zwischen 25 und 30 Dinar (etwa fünfzig Euro): ein Gewinn bis zu zehntausend Prozent.

Die Reichen wurden reicher, die Armen ärmer. Zwanzig Jahre zuvor hatten die niedrigsten Einkommen den 36. Teil der höchsten betragen. Jetzt ist das Verhältnis 1: 45. Das ärmste Viertel der Bevölkerung muss mit fünf Prozent des Nationaleinkommens leben, den fünf Prozent der Reichsten stehen 22 Prozent zur Verfügung. Der gesetzliche Mindestlohn ist auf derzeit 94 Dinar (rund 160 Euro) festgesetzt. Aber die Hälfte der Bevölkerung, die an der modernen Volkswirtschaft wenig Anteil hat – landlose Bauern, Gelegenheitsarbeiter, Ungelernte, Beschäftigungslose – verdient viel weniger. Die Brotrevolten vom Januar 1994, als die Regierung die Subventionen für Grundnahrungsmittel zu streichen versuchte, gingen nicht von den sechshunderttausend Industriearbeitern aus, sondern von den Schichten, die mit monatlich vierzig bis sechzig Dinar am Rande des Existenzminimums leben. Eine halbe Million Menschen beteiligte sich an dem Aufruhr, der blutig niedergekämpft wurde. Beim Generalstreik von 1976, dem bis dahin letzten sozialen Wetterleuchten, waren nur sechzigtausend auf die Straße gegangen.

Souad ist Hausangestellte. Sie ist schon 28, nicht mehr jung für die Begriffe einer islamischen Gesellschaft, verlobt, aber noch immer nicht verheiratet. Zusammen mit ihrem Bräutigam, einem Zollbeamten, hat sie die gesamten Ersparnisse in eine kleine Eigentumswohnung gesteckt. Aber das Gehalt des Verlobten reicht nicht für ein gemeinsames Leben. Wäre Souad Lehrerin, könnte sie berufstätig bleiben und dazuverdienen. Dass die Frau eines Beamten als Dienstmädchen arbeitet, wäre unschicklich. Also wird nicht geheiratet.

Ausländische Unternehmer freuen sich über die billigen Arbeitskräfte. »Wie Hühner auf der Stange« – so ein Investitionsreisender aus Deutschland – sitzen tunesische Frauen am Fließband oder an der Nähmaschine, um technisch anspruchslose, aber arbeitsintensive Fertigungen für den Export zu verrichten. »So ein Arbeitsplatz kostet doch bloß fünfzig Euro«, urteilt ein Manager aus dem Rheinland, den die tunesische Behörde für Investitionsförderung mit anderen Interessenten eingeladen hat. »Wenn ich zu Hause einen Arbeitsplatz schaffe, kostet mich das fünftausend Euro.« Etwa sechzigtausend Arbeitsplätze sind auf diese Weise in der Mitte der achtziger Jahre in Tunesien entstanden. Die Produktivität erreicht nur die Hälfte oder ein Drittel der europäischen.

Doch die niedrigen Löhne gleichen dieses Manko aus. In heutige Währung übersetzt, fielen die üblichen Mindestlöhne in der ersten Hälfte jenes Jahrzehnts von einem Euro auf 75 Cent pro Stunde. Die Förderungsbehörde, »guichet unique« genannt, ist in den Augen ausländischer Investoren immer noch einer der Trümpfe Tunesiens. Sie brauchen sich nicht, wie in den Nachbarländern, mit einer undurchsichtigen Bürokratie herumzuschlagen, sondern können alles an diesem »einzigen Schalter« erledigen.

Jeder in Tunesien lernt Französisch. Es gibt kaum eine Familie, die nicht Verwandte in Frankreich oder anderswo in Europa hat. Alle sind informiert darüber, was dort verdient wird und was man sich leisten kann. Rom ist nur eine Flugstunde entfernt, Paris zwei. Schon lange vor der Erfindung der Satellitenschüssel sahen die Tunesier, was draußen geschieht. In die Hauptstadt und in den ganzen Norden des Landes bringt das italienische Fernsehen Unterhaltung, Reklame und Nachrichten auf die Bildschirme. Jeder weiß genau, wie die Konsumgesellschaft aussieht. Aber für die meisten bleibt sie unerreichbar wie der Mond.

Nicht für alle. Rund 15 Kilometer nordöstlich von Tunis entsteht ein neuer exklusiver Villenvorort. Offiziell ist die Gegend als landwirtschaftliches Gebiet klassifiziert. Das bedeutet, dass pro Hektar nur ein Haus gebaut werden darf. Auch eine Villa mit sehr großem Garten wird dieser Vorschrift gerecht. Die neuen Domizile der neuen Reichen sehen nicht nobel aus wie die arabischen Häuser in Sidi Bou Said, über deren Gartenmauern Bougainvillea und Orangenzweige hängen. Hier wachsen verkleinerte Rokoko-Schlösser aus dem Boden, Ritterburgen, maurische Paläste. Auch der Premierminister wohnt hier. Und wieder gibt es einen Golfplatz.

Wer an Importlizenzen und öffentliche Aufträge herankommt, kann prächtig verdienen. Für viele der machtlosen Kritiker der tunesischen Gesellschaft ist die wachsende Ungleichheit deshalb direkt mit dem politischen System verbunden. Es ist immer dieselbe Schicht, die Kabinette bildet, Haushalts- und Entwicklungspläne aufstellt, Projekte entwirft, Einfuhren kontrolliert, Lizenzen erteilt, Handelsspannen festlegt, staatliche Gelder vergibt, Verwandte auf einträgliche Posten schiebt, Bakschisch nimmt. Politische und wirtschaftliche Macht sind in den Händen einiger Großfamilien und Regionalclans vereint. So behaupten Eingeweihte, dass das größte Molkereiunternehmen des Landes durch Privatisierung zu fünfzig Prozent in den Besitz der Frau von Präsident Bourguiba überging. Es war in den sechziger Jahren als Genossenschaft gegründet worden.

Wer mit einem glänzenden neuen Auto durch Tunesien fährt, wird daran gelegentlich Kratzer und Beulen vorfinden, an die er sich nicht erinnern kann. Junge Burschen rächen sich durch Vandalismus dafür, dass sie zu einem Dasein ohne Nutzen und Komfort verurteilt sind. In der Nähe von Bizerta wehrten sich die Einwohner gegen ein Erschließungsprojekt. Ein Scheich aus Saudi-Arabien hatte in Ghar el-Melh (zu Deutsch: Salzloch) ein riesiges Gelände gekauft, um darauf einen touristischen Komplex zu errichten. Ein

Sandstrand mit Palmen, ein bergiges Hinterland, Reste osmanischer Befestigungen, Grabmoscheen ließen die Landschaft als besonders geeignet erscheinen. Doch die Leute wollten die drohende Zerstörung herkömmlicher Lebens- und Wirtschaftsformen nicht mehr hinnehmen. Zwei junge Männer schrieben dem saudischen König Fahd von diesen Sorgen. Sie wanderten für ein Jahr ins Gefängnis. Doch die Sache wurde stillschweigend abgeblasen.

Dass sich die Modernisierung Tunesiens nach dem Vorbild Europas vollziehen sollte, galt lange Zeit als unumstritten. Das Leitbild mochte sozialistisch sein wie in den sechziger Jahren, oder kapitalistisch wie später, es blieb abendländisch. Vor allem junge Leute, in deren Augen beide Wege gescheitert sind, suchen inzwischen eine islamische Alternative. Die Bewegung Islamische Tendenz (MTI), die als politische Partei nie zugelassen wurde, entwickelte sich zeitweise zur großen Unbekannten in der politischen Rechnung. »Wir sind die wahre Opposition, nicht die Kommunisten. Deshalb sind sie erlaubt und wir verboten«, sagt ein Student. An den meisten Fakultäten der Universitäten hat die MTI die Mehrheit der Studierenden hinter sich. Unter den jüngeren Angehörigen akademischer Berufe findet die Bewegung zunehmend Anhänger. Handwerker, Kleinbürger, in die Städte abgewanderte Bauern sympathisieren mit ihr. Zusammen mit anderen Oppositionsgruppen arbeitet die MTI in der tunesischen Menschenrechtsbewegung mit. Sie hat Einfluss in den Gewerkschaften und in den unteren Rängen der Streitkräfte erlangt. Gerade dies sollte ihr später zum Verhängnis werden. Seit Aufdeckung einer angeblichen Offiziersverschwörung wird die Bewegung – die fortschrittlicher, toleranter und intellektuell höher entwickelt ist als die meisten Islamistengruppen der Arabischen Welt – brutal unterdrückt.

»Wenn heute freie Wahlen wären, dann bliebe die Staatspartei des Präsidenten immer noch die stärkste Kraft. An zweiter Stelle kämen wir mit fünfzehn bis zwanzig Prozent. Das wäre ein guter Anfang«, sagt Scheich Abdel Fattah Mourou, der Generalsekretär der Bewegung. Er und andere Führer der Bewegung waren zwei Jahre im Gefängnis und wurden 1984 freigelassen. Gekleidet in den Turban und den traditionellen Umhang islamischer Würdenträger empfängt er in seinem Anwaltsbüro am Rande der Altstadt von Tunis. Auf Plastikstühlen im Vorzimmer warten einfache Leute. Rasierte Männer mit Krawatte sind darunter, Frauen ohne Kopftuch. An der Wand hängen ein Bild der großen Moschee von Mekka und der ganze Koran, in winzigen Lettern auf ein plakatgroßes Blatt geschrieben. Eine elektrische Uhr klimpert die Tonfolge des Big Ben.

Der Scheich darf in keiner Moschee des Landes predigen, ja er hat, wie er sagt, sogar Schwierigkeiten, wenn er ein Gotteshaus nur zum Beten betreten möchte. Alle Moscheen stehen unter strikter Kontrolle des Regimes. Die Gerichte sind säkularisiert, die religiösen Stiftungen abgeschafft, die altehrwürdige religiöse Hochschule der Seituna-Moschee ist in eine Fakultät der staatlichen Universität umgewandelt worden. Als ersten Schritt zur Gegenreform verlangt die MTI eine

Volksabstimmung über das Personalstatut von 1956, das die Mehrehe abschaffte und den Frauen gleiche Scheidungsrechte gab. Ein präzises Programm hat die MTI nicht. »Wie könnten wir?«, fragt Mourou. »Wir haben doch nicht einmal Zugang zu den Fakten. Der gesamt Apparat ist in Händen der Destour-Partei. Um ein Programm zu entwickeln, muss man die Realitäten kennen. Wir wollen nicht mit Schlagworten in die Arena treten.« Auch die sozialdemokratische Opposition sei aus denselben Gründen ohne Plattform.

Vier oder fünf koranische Grundsätze müssten gewahrt werden, sagt der Scheich. Über den Rest müsse nachgedacht werden. Das Privateigentum gehöre zu diesen Grundsätzen, aber nicht »schrankenloser Liberalismus wie im Westen«. Die *Schura* sei vorgeschrieben, die Ratsversammlung, was eine Diktatur ausschließe. Der direkten Konfrontation mit dem Staat weichen die Fundamentalisten aus. Sie werben um Vertrauen, verlangen Demokratie. »Aber ich verberge nicht, dass es bei uns auch Leute gibt, die eine Diktatur wollen«, räumt Mourou ein.

Professor Raschid Ghannouchi, ein anderes Haupt der Bewegung, verurteilt die USA, »weil sie tyrannische Regierungen wie die unsere unterstützen«. Mit welchen Kräften oder Regimen der islamischen Welt die MTI Verbindungen hat, ist schwer zu ergründen. Die tunesischen Fundamentalisten haben nichts gegen den iranischen Revolutionsführer Ayatollah Chomeini, sehen in ihm aber kein Vorbild. Von dem Libyer Kadhafi distanzieren sie sich, vor dem algerischen Regime, das ihre Brüder unterdrückt, haben sie erkennbar Angst. Über Saudi-Arabien wollen sie nichts Schlechtes sagen. Den geografischen Rahmen für die Verwirklichung einer gerechten islamischen Ordnung sieht die MTI zunächst in einem vereinigten Maghreb. Ghannouchi hat inzwischen politisches Exil in London erhalten.

Dieser Beitrag stammt ursprünglich aus den achtziger Jahren, aus der Zeit des letzten Gefechts des Obersten Kämpfers.

Sehnsucht nach schwarzer Haut: Des Führers afrikanische Träume

Der große Führer steht nur zwei Mal auf, einmal, als die Frauenverbände seiner Volksmiliz vorbeidefilieren, und später für seine Elitetruppen. Die übrigen vier Stunden der Parade sitzt Moammer Kadhafi in seinem Rokoko-Fauteuil aus, vor sich ein Glas Orangensaft, eine Wasserflasche und einen gelbroten Blumenstrauß. Über ein Walkie-Talkie gibt er von Zeit zu Zeit Regieanweisungen. Ohne Aufsehen zu erregen, holt er bei Halbzeit ein gefaltetes Papierchen aus der Tasche, nimmt rasch den Inhalt zu sich und trinkt einen Schluck hinterher. Falls es ein Medikament war, hat ihn keiner von seinen Standesgenossen beobachtet. Der kongolesische Staatschef schläft tief. Der Palästinenserführer Jasser Arafat ist weit entfernt am äußersten rechten Ende der Tribüne platziert. Kadhafis Nachbar, der algerische Präsident Bouteflika, unterhält sich wenig mit seinem Gastgeber, dafür aber mit seinem Nebenmann zur Rechten, UNO-Generalsekretär Kofi Annan. Mehr als ein Dutzend der Fauteuils ist leer geblieben. Vor allem fehlen der Ägypter Mubarak und der Tunesier Ben Ali, die Häupter der beiden Flankenstaaten Libyens.

Großes Vergnügen scheint der Vorbeimarsch Kadhafi nicht zu bereiten. Aber im vierten Jahrzehnt seiner Herrschaft ist die Zeremonie für ihn eine befriedigende Machtdemonstration. Er hat im Anschluss an seine politische Geburtstagsfeier zu einer außerordentlichen Gipfelkonferenz der Organisation für Afrikanische Einheit gerufen, aber schon zum verzögerten Jubiläum der Revolution vom 1. September 1969 kamen zwei Dutzend Präsidenten aus dem Schwarzen Kontinent. Siebenjährige Sanktionen haben das Land wirtschaftlich weit zurückgeworfen und seine Waffen stumpf gemacht: Ein Dutzend Düsenjäger, drei Hubschrauber, zwei Transporter und einige Schulflugzeuge sind alles, was zur Parade vom Boden abhebt. Bescheiden nennt der offizielle Erklärer das gezeigte Material »Muster«. Und einige Fahrzeuge bleiben schon bei der Heimfahrt in die Kasernen liegen. Doch innenpolitisch sind die Streitkräfte und mehr noch die Milizen weiter ein wirksames Instrument.

»Eine Million Männer und Frauen, bereit, die Heimat zu verteidigen«, ruft rühmend der Erklärer. So viele Mobilisierte sind – bei 4,5 bis 5 Millionen Libyern – in der Tat eine feste Stütze des Regimes. Genau wie die Mitglieder der Volkskomitees, Polizisten und Gendarmen sind die Milizen unmittelbar an dessen Fortbestand interessiert. »Viele der Frauen sind in ihrem Alltag Ärztinnen, Lehrerinnen, Hausfrauen«, sagt die Stimme aus dem Lautsprecher. In ihren dunkelgrünen Drillichen marschieren sie in eine Zukunft, die sie nicht kennen. Einige haben das Haar offen, die meisten tragen ein Kopftuch unter dem Barrett. Auch ein blonder Schopf ragt einmal aus der Umhüllung. Kadhafi springt auf. Er reckt sieghaft die Arme empor, lacht, winkt. In seiner weißen, rot und golden bestickten Marschallsuniform mit der grünen Schärpe sieht er aus wie früher. Sein Sohn Muntassabillah Kadhafi, der unter den Defilierenden ist, wird vom Präsidenten des Tschad, Idriss Deby, auf der Stelle vom Hauptmann zum Oberstleutnant befördert. Er steht damit rangmäßig nur noch eine Stufe unter seinem Vater, der weder Präsident noch Inhaber eines anderen Staatsamtes ist, sondern bloß allmächtig.

Für das von ihm geschaffene Libyen hat er sich ein Wort ausgedacht, das es bis dahin im Arabischen nicht gab, *Dschamahirija*, nicht Republik, sondern Massenstaat. Plakate mit seinem Bild hängen überall. Wohlgefällig betrachtet er auf ihnen einen Wasserschwall, der aus den Riesenrohren seines »von Menschen geschaffenen Flusses« strömt, des vielleicht größten Leitungsprojekts der Erde. Oder er trägt einen Falken auf der Hand. Oder er blickt als Beduinenritter weit über die Dünen. Immer ist er auf solchen Darstellungen allein. Die früher allgegenwärtigen Massen sind unter den Bildrand gerutscht. Sogar die Parade findet viele Kilometer vom Stadtzentrum entfernt statt, unter Ausschluss des Jubelvolkes.

Kadhafi ist einsam geworden und abgeklärt. Er hat viele Illusionen verloren. Die Araber haben ihn am meisten enttäuscht. Mindestens ein Dutzend Zusammenschlussprojekte mit Ägypten, Syrien, Tunesien, Marokko und anderen Bruderstaaten wurden zu Makulatur, bevor die Unterschriften trocken waren. Niemand half ihm während der Sanktionen. Libyer, die wegen des Flugboykotts über Tunis reisen mussten, wurden dort finanziell ausgenommen. »Die arabische Einheit ist eine Fata

Morgana«, sagt Kadhafi heute. »Vierzig Jahre lang sind wir dieser Fata Morgana nachgerannt.« Viel Geld, sehr viel Geld sei dabei ohne Ergebnis verschwendet worden, erkennt Kadhafi reuig.

Und seine Landsleute, so klagt er, würden alles von ihm erwarten und zu wenig Initiative zeigen. Wenn er zum Auftakt der Jubiläumsfeier das Kastell von Tripoli besucht, wartet schon eine Schlange von Petitionsträgern auf ihn. »Bau uns ein neues Haus! Leg uns eine bessere Stromleitung! Errichte eine Straße über dem Meer! Pflanz uns einen Garten! Fang mir einen Fisch! Mach uns einen Talisman! Verheirate uns! Schaff uns diesen Hund vom Hals! Kauf uns eine Katze!«, spottet der große Führer selber. Er hat den Libyern Wohnungen verschafft, die fast mietfrei sind, billige Lebensmittel dank staatlicher Subventionen, kostenlosen Gesundheitsdienst nach Art des einstmals sozialistischen Osteuropa. Jedoch hat das berüchtigte Gesetz Nummer 15 im Jahr 1986 alle Gehälter eingefroren. Rund siebenhunderttausend Libyer sind als Beamte oder in der Staatswirtschaft tätig. Kaum jemand verdient mehr als zweihundert oder dreihundert Dinar im Monat, nach offiziellem Kurs 440 bis 660 Dollar, nach Kaufkraft für importierte Konsumgüter höchstens ein Zehntel davon. Etwa dreißig Prozent der Libyer sind ohne Stellung. Dafür arbeiten zwei Millionen Ausländer im Land, legal oder illegal.

Die politische Auferstehung seines Landes erhofft Kadhafi nach Ächtung und Isolierung jetzt nur noch von Afrika. Er hat es erreicht, dass die OAU die Gründung der Vereinigten Staaten von Afrika beschloss. Offen blieb, ob nach dem Modell der USA, der EU oder der früheren Sowjetunion. Es konnte auch offen bleiben, denn der Beschluss blieb ohne praktische Folgen. Die OAU-Außenminister überraschte Kadhafi bei der Vorbereitung der Tagesordnung mit seinen Visionen. »Wenn ich wenigstens schwarz sein könnte, ganz schwarz! Oder wenn wenigstens alle libyschen Frauen Afrikaner heiraten könnten!«, formuliert er seine neuen Träume. Und er doziert: »Während tausenden von Jahren waren die Libyer Afrikaner, bis 994 die (arabischen) Stämme der Bani Hilal und der Bani Salim einwanderten.« Afrikanische Besucher verblüffte er schon länger mit der These, dass arabisches Blut in ihren Adern fließe. Denn: »Vor 5000 Jahren sind arabische Stämme aus dem Jemen nach Ost- und Nordafrika gekommen. Sie haben sich mit den vorhandenen Berber- und Negerbevölkerungen vermischt.« Fazit des Archäo-Ethnologen Kadhafi: »Die Araber in Asien sind Asiaten, die Araber in Afrika sind Afrikaner. Mit den Arabern der Halbinsel verbinden mich nur Gefühle. Zu den Afrikanern besteht eine materielle und existenzielle Bindung.«

Der staatliche Rundfunk, der früher »Stimme des größeren arabischen Vaterlandes« hieß, wurde in »Stimme Afrikas« umbenannt. An den Mauern verkünden Plakate lapidar die neuen Wahrheiten: »Afrika ist der umfriedete Raum, die Zuflucht, die Brünne, die Barrikade, der Schützengraben.« Oder, was Bewohnern der Länder südlich der Sahara kaum einfiele: »Afrika ist das nie verlorene Paradies, das Paradies auf Erden.« Sogar gegen die technische Überlegenheit des

Westens wissen die Losungen ein Mittel: »Cruise Missiles sind wehrlos gegen Malariamoskitos. Lasst uns Schrecken in ihren Herzen verbreiten.« Damit die neuen Freunde ihr OAU-Stimmrecht nicht verlieren, hat Kadhafi die rückständigen Beiträge von sieben Staaten bezahlt. Es ging dabei vorerst nur um 4,5 Millionen Dollar. Nach ihren kostspieligen Erfahrungen mit arabischen und islamischen Brüdern befürchten indessen viele Libyer, dass auch die neue Orientierung ihrer Politik wieder teuer wird.

Jenseits der Uferstraße, auf der die Truppen paradieren, liegt nicht das blaue Mittelmeer, sondern braunes aufgeschüttetes Land. Auch hinter der Sandsteinbalustrade an der einstigen Uferpromenade ist das Wasser durch mehrere hundert Meter Aufschüttung ersetzt worden. Außer für Autobahnen und Parkplätze ist das Neuland ungenutzt. Bloß vor dem Kastell am Rande der Medina hat man ein kleines Stück Meer gelassen, um des historischen Stadtbildes willen. Nach dem Gouverneur der italienischen Kolonie Libyen hieß die Uferpromenade damals »Lungomare Conte Volpi«. Der Graf hatte die kühne Idee, aus Tripoli lasse sich ein Winterkurort wie Monaco machen. Die Palmen des Lungomare und das weiße Kolonialviertel dahinter sind deshalb noch immer der einzige ansehnliche Teil der Hauptstadt. Der Kellner im Café sagt italienisch-arabisch »Ciao-Aleik« zu seinen Stammkunden. Aber Italien ist weit. Draußen am neuen Kai liegt die Malta-Fähre. Für Libyen ist die Insel, was Marseille für Algerien ist: Die wichtigste Versorgungsbasis für die geduldeten Schwarzhändler, die billiges Parfum, Sonnenbrillen und Textilien ins Land bringen.

Kuppel und Turm der einstigen italienischen Kathedrale tragen den Halbmond. Sie wurde zur Moschee umgewandelt, ließ sich aber architektonisch nicht in Richtung Mekka drehen. Ein einziger Gläubiger verneigt sich – schräg zum Kirchenschiff – für das Abendgebet. Die Orgel ist noch da. Auf dem Zifferblatt der Turmuhr von Santa Maria degli Angeli in der Medina, deren Zeiger irgendwann um 16.30 Uhr hängen blieben, steht die Jahreszahl 1900. Alle Altäre wurden entfernt, von der Wand einer Seitenkapelle lächelt der Revolutionsführer. Doch der Bau wird gerade restauriert, nach Meinung von Anwohnern als Kirche und angeblich, weil Kadhafi auf einen Besuch des Papstes hofft. Denn Libyen hat auch nach dem Auszug der Italiener neben Ägypten die größte christliche Gemeinschaft Nordafrikas. Sie besteht vorwiegend aus Filipinos, Indern, Koreanern, Palästinensern, Maltesern, Irakern und Fachkräften aus Osteuropa. Es gibt ihretwegen noch einen italienischen Bischof. Wenn er an hohen Feiertagen die Messe liest, ist die St.-Franziskus-Kirche überfüllt.

Man muss die Feste feiern wie sie fallen, auch zur Unzeit. In der Nacht nach der Parade gibt es zur Volksbelustigung Feuerwerk – aber ganz unerwartet und erst um zwei Uhr nachts. Eine halbe Stunde lang erfüllen Feuerkaskaden, Laserspiele und bunte Donnerschläge den Himmel über Tripolis Hafen. Sonst sind die libyschen Abende nicht amüsant. Die Läden schließen, Kinos und Restaurants gibt es nur wenige, Nachtclubs und

Alkohol offiziell überhaupt nicht, nur Schmuggelware, selbst gekelterten Wein sowie ein teuflisches Destillat aus Zucker, das »Flash« genannt wird. Schwere Unfälle, auch unter Einfluss von Alkohol, sind häufig. Der große Führer wird wissen, warum er seine Techniker dazu inspirierte, zum Jubiläum das »sicherste Auto der Welt«, die »libysche Rakete« vorzustellen.

Denn das Auto ist Libyens große Freude. Die Straßen sind vorzüglich, einmal voll tanken kostet umgerechnet zweieinhalb Euro und wer beim Regime gut angeschrieben ist, kann ein asiatisches Auto weit unter Weltmarktpreis erwerben. Mit siebenhunderttausend Autos hat Libyen bei weitem die höchste Fahrzeugdichte Afrikas. Wenn die Sonne sinkt oder an Wochenenden sind Stadtautobahnen, Verkehrskreisel, Überführungen, vor allem in Sicht des Meeres chronisch voll wie zur Stoßzeit. Alle fahren. Aber nicht jeder weiß, wohin.

Spott über Nebenfrauen: Feminismus in Grün

»Aischa« röhrt es aus den Lautsprecher-Boxen, je nach Gefühlslage der Textzeile einmal mit kehligem Schmelz, einmal mit Schmalz. »Aischa« ist ein Erfolgslied des algerischen Rai-Sängers Chaled. Die Leute im Kaffeehaus, alles Männer, lächeln einmütig. Denn in Libyen werden einige zusätzliche Verse gewispert, die nicht von Chaled stammen, sondern von Studenten der Universität Tripoli. In ihnen ist von der Titelheldin und von ihrem *Baba* die Rede, vom Vater: Aischa heißt auch die Tochter des Revolutionsführers Moammer Kadhafi. In dem Café, nahe dem Grünen Platz, auf dem der *Kaid*, der Chef, zu seinem Volk zu sprechen pflegt, kennt jeder die hausgemachten spöttischen Strophen.

Die libysche Aischa wird als langbeinig und langhaarig geschildert. Es heißt von ihr, sie möchte am liebsten mit Claudia Schiffer verwechselt werden. Aischa Kadhafi studiert Jura an der Al-Fateh-Universität der Hauptstadt, die einst für zwanzigtausend Studenten gebaut wurde, aber heute mit siebzigtausend voll gepfercht ist. Der Tochter des Chefs wird auch zugeschrieben, ein Wohnheim für Studentinnen aus der Provinz sei im Grunde genommen gebaut worden, um sie zu behüten, nicht wie vorgeblich, um Eltern zu beruhigen, die sich um den Ruf ihrer fernen Töchter Sorgen machten. Nach einer anderen Version soll

Aischa nach Paris verzogen sein. Genaueres ist nicht zu erfahren. Unabhängige Medien gibt es im Land nicht. Was der große Führer von seiner Person und seinen Nächsten nicht ins Licht stellen möchte, bleibt im Dunkeln.

»Die *Dschamahirija*, der Staat der Massen, soll kein Staat der Männer sein«, hatte Kadhafi postuliert. Die Frauen forderte er auf, sie sollten sich die Werkzeuge der Männer zu eigen machen, »die Feuerwaffen, die Waffen der Wissenschaft, des Gewissens, der Kultur und der Revolution«. Ja, sie sollten Offiziere werden, um die Männer zu beschämen. Sein Feminismus ist zutiefst von der Enttäuschung über arabische Männer geprägt, nach seinen Worten »Memmen, über die die Welt lacht, Besiegte vom Golf bis zum Atlantik«. Prowestliche arabische Regierungen verspottet er als »die Nebenfrauen Amerikas«.

Er führte ein Familienrecht ein, das die Frauen besser stellt als in den meisten islamischen Ländern. So weit wie der Tunesier Habib Bourguiba, der die Mehrehe abschaffte, ging er jedoch nicht. Immerhin braucht sich in Libyen keine Frau zu verschleiern. Wer will, kann das Haar offen tragen wie Aischa und wird deshalb nie belästigt und selten schief angeschaut. Junge Mädchen gehen im T-Shirt und in Blue Jeans – allerdings nicht zum Besuch der höheren Schule. Dazu müssen sie einen hässlichen vormilitärischen Drillich anlegen, genau wie ihre Mitschüler. Fast alle Mädchen, 96 Prozent, besuchen die Grundschule. Die Gleichberechtigung steht nicht auf dem Papier. Aber sie wurde negativ verwirklicht wie schon von vielen autoritären Regimen: Weder die

Männer noch die Frauen haben im öffentlichen Leben das Geringste zu sagen.

Wenn Libyerinnen seinem Lebensmuster nicht folgen wollen, wird der Führer leicht ärgerlich. So hält er ihnen in einer Rede vor: »Ihr macht ein Diplom, um euch am Ende einem Schwächling zu schenken, der in euch bloß die Putzfrau sieht?« Er tadelt die »Legehennen«, die Frauen, die einen Mann suchen, »der sie mit Gold und Seide zudeckt«. Doch gerade dieser Wunsch greift um sich. Die Hauptstraße des Basars von Tripoli besteht praktisch nur aus Geschäften für Hochzeitsausstattung und aus Juwelieren. Dass eine Libyerin lieber die zweite Frau eines Reichen wird, als ledig zu bleiben, scheint eher häufiger zu geschehen als früher. Das durchschnittliche Heiratsalter steigt und Torschlusspanik wird zur libyschen Krankheit. Nur eine von sieben Frauen ist berufstätig.

Dabei ist auch die Universität nicht mehr der Heiratsmarkt von ehedem. An manchen Fakultäten stellen die Mädchen bereits achtzig Prozent der Studierenden: Viele Söhne brechen das Studium vorzeitig ab, weil ein Abschlusszeugnis keine Berufschancen öffnet; sie versuchen es lieber gleich im »Business«, wenn auch selten mit Erfolg. Für ihre Schwestern ist es hingegen immer noch kurzweiliger, auf den Campus zu gehen, als daheim zu sitzen. Libyen hat theoretisch fast 1700 Kilometer Strand. Aber kaum eine Libyerin käme auf den Gedanken, anders als voll bekleidet und inmitten der Familie ins Wasser zu gehen. Mit Badeanzügen ist kein Geschäft zu machen.

Der Händler rollt einen Stoffballen ein, legt die

rechte Hand aufs Herz und verbeugt sich zeremoniös. Seine Geste soll Aufrichtigkeit anzeigen. »Das wäre zu große Ehre für mein bescheidenes Haus«, sagt er lächelnd: So seine Antwort auf die Frage, wie er es fände, wenn seine Tochter in Kadhafis Frauengarde einträte. Besucht der Führer eine arabische Hauptstadt, so will er in seinem Zelt schlafen und zum Frühstück Milch seiner Kamelstute trinken. Beides nimmt er deshalb auf Reisen mit. Weil er sich gelegentlich auch von seiner weiblichen Leibgarde ins Ausland begleiten lässt, nannte ihn die algerische Zeitung *Le Matin* bei einem seiner jüngsten Ausflüge sarkastisch »einen Exzentriker, einen Provokateur, einen Idealisten«. Gäbe es in Libyen Misswahlen, so käme dafür auf der Straße alle fünfzig Meter eine Kandidatin in Frage. Unter den Leibgardistinnen dagegen nur wenige. Sie fallen eher durch verwüstete Gesichter, absonderliche Haarfarben und schlechte Schminke auf.

Am Rande von Benghasi ist geschossen worden. Nach längerer Pause, so heißt es von informierter Seite, wurden dabei wieder mehrere Menschen getötet, teils Islamisten, teils Sicherheitsleute. Es gibt sie also noch, die geheimnisumwitterten libyschen Fundamentalisten, die als weitgehend ausgerottet galten. Einst hatte der libyische Revolutionsführer den Ruf, der Protektor vor allem nordafrikanischer Islamisten zu sein. In seiner »Grünen Legion« wurde der Algerier Madani Mezrag ausgebildet, der Chef der Islamischen Rettungsarmee AIS, des bewaffneten Armes der Islamischen Rettungsfront FIS, die inzwischen ihren Frieden mit Präsident Bouteflika gemacht hat. Auch der dritte Mann des sudanischen Regimes, Ghasi Salaheddin, erhielt sein Training bei Kadhafi. Und auf Ersuchen der Libyer stellte jener Salaheddin dem bedrängten tunesischen Islamistenführer Rachid Ghannouchi später einen sudanischen Diplomatenpass aus. Überall in der Sahelzone wie im islamischen Schwarzafrika waren die libyschen Kulturzentren Leuchttürme islamistischer Propaganda. Das ist vorbei.

Über die Gründe des Zerwürfnisses gibt es nur Spekulationen. Doch alles änderte sich, als Kadhafi auf dem Höhepunkt des algerischen Bürgerkriegs etwa hundert FIS-Anhänger an Algier auslieferte. Wenig später wurde eine Mannschaft der radikalen Islamischen Kampfgruppen GIA auf dem Weg vom Sudan durch Libyen nach Algerien mitten in der Wüste aufgerieben. Die algerische Luftwaffe hatte einen Tipp bekommen. Eine *Fatwa* der Islamisten erklärte Kadhafi daraufhin zum »Abtrünnigen«. Sie wiederum wandelten sich für die libysche Nachrichtenagentur von »Glaubenskämpfern« zu »Scharlatanen«. In mehreren der Kurzgeschichten, die der große Führer seit einigen Jahren schreibt, gießt er seinen Hohn über Muslimbrüder und die Vordenker der Fundamentalisten aus. Er findet jetzt die Islamisten »schlimmer als Aids«.

Außer bei den Muslimbrüdern im nahen Ägypten haben die libyschen Islamisten im Senussi-Orden Rückhalt. Diese traditionalistische Mystikerbruderschaft hatte sich schon im Widerstand gegen die Italiener hervorgetan. Nach der Unabhängigkeit wurde das Senussi-Oberhaupt

Idriss König von Libyen – bis Kadhafi ihn stürzte. Doch noch dreißig Jahre danach ist die Cyrenaika Heimat der Senussi und Fluchtburg für Islamisten. Der Dschebel al-Achdar im Hinterland von Benghasi ist ein zerklüftetes, verkarstetes Gebirge mit vielen Verstecken. Vor einigen Jahren setzte die Regierung dort die Luftwaffe ein, um die Islamisten zu bekämpfen. Sie ließ zu diesem Zweck auch eigens eine strategische Straße durch den Dschebel bauen, die sonst keinen Verkehrszweck hat.

Bei Benghasi geschah es schließlich, dass Kadhafi im Sommer 1998 verletzt wurde – nach offizieller Version durch einen Unfall, viele in Libyen glauben dagegen durch ein Attentat. Seine Wagenkolonne geriet angeblich in einen Hinterhalt. Hunderte von Verdächtigen, darunter Ingenieure und Universitätsdozenten wurden in den folgenden Wochen verhaftet. Ihnen wurden Verbindungen zur Libyschen Islamischen Gemeinschaft (Dschamaa al-Islamija al Libija) nachgesagt, einer fundamentalistischen Gruppe, die nie Gewalt gebraucht oder gepredigt hat. Monatelang saß der Führer danach im Rollstuhl. Besucher stellten fest, dass er in sein Haus Rampen eingebaut hatte, um sich besser bewegen zu können. Erfahrene Kadhafiologen behaupten, er sei seither körperlich weniger gewandt als früher.

Eine Überraschung: Die Amerikaner, der große Feind, waren immer präsent. Trotz fehlender diplomatischer Beziehungen, trotz Reiseverbots und Sanktionen kamen Erdölfachleute mit libyschem Loseblattvisum oder ihre Firmen schickten kanadische Staatsbürger. Und eine wenig bekannte Tatsache: Nie wurde das amerikanische Erdölvermögen verstaatlicht. Es steht nur unter Sequester. Mehrere tausend Briten leben ständig im Land. Während Washington beiseite blickte, reisten hochrangige Delegationen der beteiligten Firmen nach Libyen, um an Ort und Stelle den Investitionsbedarf für die Zeit nach einer Normalisierung zu prüfen. Auf keinen Fall wollen die Amerikaner das Feld den Europäern allein überlassen. Das Land hat die elftgrößten Reserven der Welt, sein Öl ist beste Qualität, liegt nahe an Europa und ist besonders billig zu produzieren. Die Sanktionen haben Libyen nach Schätzung der Weltbank 18 Milliarden Dollar gekostet. Da erkannte Kadhafi neuerdings, Bill Clinton sei persönlich ein ehrlicher Mensch. »Ich mag ihn sehr«, sprach der Revolutionsführer. Und dem Nachfolger des ehrlichen Menschen lieferte Kadhafi nach dem 11. September bereitwillig Informationen über die heimliche Internationale der Islamisten.

Grün ist das berühmte Buch des »Bruders Oberst«, das bessere Buchläden in achtzig Sprachen vorrätig haben. Monochrom grün ist die Fahne. Grün sind alle Fensterläden. Die Landschaft um Tripoli ist es nur fleckenweise. Der gigantische, von Menschen geschaffene Fluss, die unterirdische Wasserleitung aus der Sahara, hat mit ihren Vier-Meter-Röhren 25 Milliarden Dollar gekostet. Aber bisher fehlen Verteilersysteme, Pumpstationen, Filter und vor allem landwirtschaftliche Betriebe. An einigen Stücken weist die Leitung bereits Risse auf.

Am Bogen des Septimius Severus arbeiten italienische Restauratoren. Um die libysche Geburtsstadt des römischen Kaisers (193 bis 211 nach Christus) zu erhalten, entsenden Universitäten und Institute in Italien seit 25 Jahren Fachleute nach Leptis Magna, 150 Kilometer östlich von Tripoli. Das Klima ist frostfrei. Die Beduinen hatten als Eroberer keinen Grund, die römisch-byzantinische Stadt als Steinbruch zu benutzen. Keine neue Siedlung hat sich darübergelegt. Thermen, Tempel, Theater, Foren, Sportstätten, Straßen, ein Zirkus so groß wie das Kolosseum in Rom liegen gut erhalten, riesengroß und völlig menschenleer zwischen Wüste und Meer. Italien hat nichts Vergleichbares.

Sand, Strand, Sonne und Monumente hätten die Libyer im Überfluss. Aber im Gegensatz zu den Nachbarn wollen sie keinen Massentourismus. Die Infrastruktur ist nicht vorhanden, ihr gesellschaftliches Leitbild ginge dabei zu Bruch. Nur kleine Gruppen und Einzelreisende sind willkommen, Kulturbesessene oder Wüstenromantiker.

Dienstälter als Stalin: Hauspolitik im Massenstaat

»Man soll mir nicht mit den Arabern kommen! Sie haben keine Kraft, keinen Saft, keine Tiefe.« Der so spricht wollte jahrzehntelang der Motor der arabischen Einigung sein: Moammer Kadhafi, Libyens Revolutionsführer. Heute sagt er: »Ich fühle mich mehr als Afrikaner denn als Araber.« Dass seine Enttäuschung über die Brudervölker vor einigen Jahren in einen außenpolitischen Kurswechsel umschlug, offenbarte einmal mehr, wie er sein Land als Selbstherrscher regiert. Staatliche Institutionen, Ideologie oder gar andere Persönlichkeiten spielen neben der Führerfigur fast keine Rolle. Es gibt keine Beratergremien oder Politiker mit Hausmacht. Stärkere Figuren aus der frühen Phase des Revolutionsstaats wurden mit der Zeit eliminiert. Kaum jemand auf Erden ist so lange an der Macht wie er: 33 Jahre. Selbst Stalin brachte es nur auf 29.

Der Grüne Platz ist voll von jubelnden, winkenden Menschen. An dieser Stelle vor der Medina von Tripoli pflegt Kadhafi seine Erfolge oder neue Ziele zu verkünden. Doch er tritt seit Tagen nicht auf und die Begeisterung gilt keinem politischen Sieg. Die Jubler auf dem Platz und im hupenden Autokorso, der zwei Stunden lang die Hauptstadt blockiert, freuen sich, weil Ittihad (Eintracht) Tripoli die Mannschaft von Yaounde (Kamerun) im Spiel um den afrikanischen Fußballpokal geschlagen hat. Kadhafi wartet darauf, dass seine Bemühungen um neue Respektabilität von der Welt und vor allem den USA honoriert werden. Auch die Libyer warten. Sie haben sich das Interesse an Politik weitgehend abgewöhnt. Aber es freut sie, wenn von ihrem Land positiv gesprochen wird. Und sie sehnen sich nach Entspannung, in der Hoffnung, dass jede Lockerung auch Arbeitslosigkeit, Bürokratisierung, Korruption und andere Alltagsprobleme mildern wird.

Durch eine vertrauliche Umfrage hat Kadhafi Genaueres über die Politverdrossenheit des Volkes erfahren. Nur noch jeder Zweite nimmt an den »Volksversammlungen« teil, die formell das zentrale Machtorgan des Staates sind. Nur noch jeder Zehnte glaubt, dass Entscheidungen der Volksversammlungen etwas bewirken. Prompt löste der Revolutionsführer fast alle Ministerien auf und übertrug deren Vollmachten direkt den Volksversammlungen. Dies wird als »neuer Schritt der Volksrevolution« gepriesen, läuft aber in der Praxis auf weitere Machtkonzentrierung in Kadhafis Händen hinaus. Selber gehört er nicht einmal der Volksversammlung an. Er lebt hinter hohen Mauern auf einem großen Kasernengelände, das einen nationalen Erinnerungsschrein enthält: die Ruine des Hauses, das amerikanische Kampfflugzeuge 1986 mit Raketen beschossen, um den Revolutionsführer zu bestrafen. Eine Adoptivtochter Kadhafis kam dabei ums Leben.

Es gab eine Zeit, in der Kadhafi mit dem missionarischen Selbstgefühl seiner noch jungen Macht Aufrührer gegen den Imperialismus überall in der Welt unterstützte. Zu seinen Stipendiaten gehörten in Europa die irische IRA, die Basken, korsische Separatisten. Doch seine Favoriten waren immer muslimische Minderheiten, wo er sie für unterdrückt hielt wie in Burma, Thailand, auf den Philippinen. In Wahrheit handelte es sich vielfach um nur schwach politisierte Banditen, die kaum von ihrem Glauben motiviert waren. Ihnen wurden Reisen nach Libyen bezahlt, wo sie sich mit den Gedanken des Revolutionsführers vertraut machen konnten. Einer von ihnen war Abubakar Janjali, der Gründer der Strömung, aus der die Abu-Sayyaf-Rebellen auf den Philippinen hervorgingen. Ein Sohn von dessen jüngerem Bruder heißt »Khadaffy«. Ob dies sein wirklicher Vorname oder nur ein Spitzname ist, bleibt ungeklärt. Als der Libyer die Geiseln von Jolo freikaufte, kostete ihn das 25 Millionen Dollar. »Eine Bagatelle, gemessen an der Summe, um die ihn jeden Tag die Sanktionen bringen«, sagt Xavier Rauffer, einer der besten französischen Kenner der internationalen Islamistenszene. Sowieso möchte Kadhafi in solcher Gesellschaft nicht mehr gesehen werden. »Die Zeit des Terrorismus ist vorbei«, hatte er schon ein Jahr vor der Befreiungsaktion dem *Figaro* gesagt.

Auch den Europäern kann der Stand der Beziehungen nicht gleichgültig sein. Es soll nicht wieder so etwas geschehen wie Anfang der siebziger Jahre, als ein koreanisches Konsortium europäischen Konkurrenten wegen politischer Querelen den 25-Milliarden-Dollar Auftrag für den Bau des großen unterirdischen Flusses wegschnappte. Durch ihn fließt Wasser aus den tiefen Vorräten unter der Sahara ins libysche Küstengebiet. Schon seit geraumer Zeit wird über die Lieferung von 24 Airbussen verhandelt. Auftragswert: 1,5 Milliarden Dollar.

Nachdem der damals 27-jährige Offizier Kadhafi am 1. September 1969 den greisen König Idris al-Senussi gestürzt hatte, wurde aus Libyen schließlich keine Republik (arabisch: *Dschumhurija*) wie aus Ägypten, Syrien, dem Irak und anderen revolutionären Ländern, sondern ein Gebilde neuen Typs. Kadhafi dachte sich dafür die Bezeichnung *Dschamahirija* (Massenstaat) aus, offiziell »Sozialistische Libysch-Arabische Volks-*Dschamaharija*«. An Stelle einer Verfassung fungiert seit 1977 die »Erklärung der Machtübertragung an das Volk«. Theoretisch üben die Massen die Staatsgewalt direkt durch 15.000 örtliche und regionale Volkskomitees aus. Oberstes Staatsorgan sind die 2700 Mitglieder des Allgemeinen Volkskongresses. Dessen Generalsekretär Sentani Mohammed Sentani ist de jure Libyens Staatsoberhaupt. Aber er ist außerhalb der Landesgrenzen so wenig bekannt wie der nominelle Regierungschef Mubarak Abdallah al-Schamich. Kadhafi hat keine staatliche Funktion – aber alles zu sagen.

Ein nicht-arabischer Ausländer, der auf dem Flughafen Tripoli landet, wird vergeblich nach Schildern in lateinischer Schrift suchen, die ihn zur Passkontrolle oder Gepäckausgabe dirigieren. An den Autobahnen stehen nur arabische Wegweiser, Straßenschilder und andere öffentliche Inschriften sind allein in der Landessprache gehalten. Schon der Visumantrag beginnt im Allgemeinen damit, dass die Personalangaben des Reisepasses von einem beglaubigten Übersetzer auf dessen letzter Seite ins Arabische übertragen werden: Da die arabische Schrift von rechts nach links läuft, ist die letzte Seite die erste.

Alles ist anders in Libyen. Die Zeitrechnung der islamischen Welt beginnt mit dem 16. Juli 622 A. D., dem Tag der Flucht Mohammeds von Mekka nach Medina. Kadhafi hingegen führte einen libyschen Kalender ein, der zunächst von der Geburt des Propheten im Jahr 570 christlicher Zeitrechnung ausging. Das vorletzte Jahr fing deshalb in Libyen – und nur in Libyen – noch als 1431 an. Doch im Januar 2001 verordnete der Revolutionsführer seinen Landsleuten einen großen Sprung rückwärts ins Jahr 1369, denn der neueste libysche Kalender zählt vom Tod Mohammeds im Jahr 632 an. Aus Angestellten, die Gehalt empfingen, wurden gemäß Kadhafis Grünem Buch »Teilhaber«, aus Bewohnern von Sozialbauten »Besitzer«. Praktisch änderte sich nichts an ihren materiellen Verhältnissen.

Im Lauf der Jahre schloss der Revolutionsführer zahlreiche Unionsverträge: mit Ägypten, Syrien, Tunesien, Marokko und dem Tschad. Alle blieben ohne Folgen, denn kein anderer Staatschef wollte einen Führungsanspruch Kadhafis hinnehmen, er wiederum ordnet sich niemandem unter. Das kulturelle und zivilisatorische Potential Libyens gilt in der arabischen Welt als unerheblich. Von seinen schätzungsweise sechseinhalb Millionen Einwohnern sind zwei Millionen Gastarbeiter mit Angehörigen.

Das Nationalfest zum 32. Jahrestag der Revolution hatte Kadhafi in Anwesenheit von Präsident Robert Mugabe aus Zimbabwe und anderer afrikanischer Staatschefs vor einer großen Karte zelebriert, auf welcher der gesamte Kontinent schwarz, Libyen aber grün dargestellt war. Das Projekt der »Vereinigten Staaten von Afrika«, in das der Revolutionsführer neuerdings einen großen Teil der Öleinnahmen des Landes investiert, ist bei seinen Landsleuten jedoch nicht beliebt. Vor dem Hintergrund verbreiteter Arbeitslosigkeit kam es im Herbst 1990 in Tripoli und Bengazi zu schweren Ausschreitungen gegen Afrikaner, bei denen Dutzende getötet und mehr als tausend verletzt wurden. Wegen Mordes, Totschlags, der Vergehen gegen die Staatssicherheit und der Anschläge auf die Freundschaft zu Afrika wurden sieben Schuldige zum Tod, 180 andere zu Strafen zwischen einem Jahr und »lebenslänglich« verurteilt.

Hinter den bizarren Seiten von Kadhafis Herrschaft verbirgt sich jedoch oft solide Realpolitik. So enthüllte der Finanzmanager des Revolutionschefs, der in Amerika ausgebildete Mohammed Ali al-Huweidsch, im Herbst 2001, dass Libyen unter Umgehung internationaler Boykottmaßnahmen ein Anlagenpaket im Wert von acht Milliarden Dollar erworben hat. Darunter sind Beteiligungen an 72 Unternehmen in 45 Ländern sowie an Dutzenden von Banken, darunter ein Fünf-Prozent-Anteil an der Banca di Roma.

Ausgerechnet Libyen, das von den Amerikanern am längsten als Hort des Terrorismus geächtet wird, war das erste Land, das gegen Ossama Bin Laden schon vor Jahren bei Interpol einen Haftbefehl beantragte. Denn radikale Islamisten im Untergrund waren neben gelegentlichen Offizierskabalen die einzige ernsthafte Gefahr für Kadhafi. Der amerikanische Präsident Ronald Reagan ließ Libyen 1986 als Repressalie für terroristische Anschläge bombardieren. Fünf große Ölfirmen aus den USA, welche die Vorkommen des Landes seit 1959 entwickelt hatten, mussten sich auf Anweisung Washingtons zurückziehen. Doch die Libyer legten ihre Lizenzen nur auf Eis. Sie wurden nie an die europäische Konkurrenz weitergegeben.

Um neues Ansehen bemüht, lieferte Kadhafi nicht nur zwei Verdächtige für das Lockerbie-Attentat (270 Tote) aus. Seit Herbst 2001 wird in Tripoli auch Oberst Abdallah Senussi, Schwager Kadhafis und einstiger zweiter Mann des libyschen Sicherheitsdienstes, unter schonendem Hausarrest gehalten. Senussi ist in Frankreich als Verantwortlicher für den Anschlag auf eine UTA-Maschine (170 Tote) in Abwesenheit zu »lebenslänglich« verurteilt worden. Sicherheitschef Mussa Kussa und Kadhafis Sicherheitsberater Mohammed Eddam haben sich mehrfach an neutraler Stelle mit CIA-Verantwortlichen getroffen. An der Verfolgung von Al-Kaida-Aktivisten wirkt Libyen aktiv mit. Der Revolutionsführer war unter den ersten Arabern, die die Anschläge vom 11. September verurteilten und Amerikas Recht zur Selbstverteidigung hervorhoben. In einem Haus im Zentrum Tripolis, wo einst die Terrorgruppe Abu Nidals Unterschlupf fand, residiert heute das angesehene Institut für Arabische Sprache.

Da der Führer kein Regent im üblichen Sinne ist, kann er nie ersetzt werden. Die Nachfolgefrage stellt sich zu seinen Lebzeiten nicht. Dennoch fällt auf, dass Kadhafi gleich anderen arabischen Staatschefs eine Familienpolitik betreibt, die zunehmend weniger diskret wirkt. Seinen ältesten Sohn aus erster Ehe, Mohammed, dem keine politischen Ambitionen nachgesagt werden, hat er soeben zum Chef der Telecom ernannt. Der zweite Sohn aus zweiter Ehe, Seif el-Islam, war an der Geiselbefreiung auf den Philippinen beteiligt und unternahm kürzlich im Namen seines Vaters energische Demarchen zur Rettung arabischer Afghanen. Er ist Vorsitzender der internationalen Kadhafi-Stiftung sowie der Anti-Rauschgift-Liga und gibt zum größeren Ruhm des Revolutionsführers das Magazin *Hannibal* heraus.

Im Ausland ist der dreißigjährige Seif el-Islam vor allem dadurch bekannt, dass kaum jemand an ihm vorbeikommt, der mit dem libyschen Staat große Geschäfte machen will. Während seines Wirtschaftsstudiums in Wien begründete er kommerzielle Beziehungen zum damaligen FPÖ-Vorsitzenden Jörg Haider. Nur unter äußerstem Druck ließ Seif sich damals dazu bewegen, seine Hausgenossen, zwei sibirische Tiger, dem Schönbrunner Tierpark zu vermachen. Einmal konnte Kadhafi senior die Verlängerung der Aufenthaltserlaubnis für seinen Junior nur dadurch erzwingen, dass er mit der Ausweisung sämtlicher Österreicher drohte.

Am populärsten im Sinne einer möglichen Nachfolge ist Kadhafis zweiter Sohn aus zweiter Ehe, der 28-jährige El-Saidi: Spieler Nummer 10 im Fußballclub Al-Ahly, Präsident der libyischen Fußballföderation, befreundet mit jungen Offizierskameraden, international flankiert vom jordanischen König Abdallah und vom Schwiegersohn des tunesischen Präsidenten Ben Ali. Manchmal muss El-Saidi freilich auch als Blitzableiter für das Missvergnügen des Publikums am Vater herhalten.

Kadhafis einzige Tochter, die 26-jährige Aischa, schlank, hochgewachsen, manchmal brünett, manchmal blond, elegant, skandalfrei, spielt keine öffentliche Rolle. Sie fiel nur einmal aus dem Rahmen, als sie mit ihrem Bruder Mohammed und dreißig Leibwächtern im Londoner Dorchester Hotel abstieg. Am Speaker's Corner im Hyde Park hielt Aischa eine flammende Rede – für die »Freiheitskämpfer« der Irisch-Republikanischen Armee.

Respektabilität für 2,7 Milliarden: Sühne für Lockerbie

Zu welchen Bedingungen Libyen von Sanktionen befreit und wieder in die internationale Gemeinschaft aufgenommen wird, ist Gegenstand eines grotesken und anscheinend endlosen Schattenboxens. Ein Konsortium von Anwälten hat im Prinzip mit libyschen Repräsentanten ausgehandelt, dass die Hinterbliebenen der 270 Opfer eines von Tripoli gesteuerten Attentats insgesamt 2,7 Milliarden Dollar Entschädigung erhalten sollen. Für die Hinterbliebenen oder Erben jedes Opfers sollen zehn Millionen Dollar gezahlt werden. Über dem schottischen Lockerbie war im Dezember 1988 eine Maschine der amerikanischen Panam durch eine Sprengladung zum Absturz gebracht worden. Entschädigung läuft auf Schuldbekenntnis hinaus. Libyen als Staat und Moammer Kadhafi als dessen effektiver Chef wollen damit nicht identifiziert werden. Deshalb verlautet offiziell, Tripoli habe mit einer eventuellen Regelung »nichts zu tun« und sei offiziell nie vom Inhalt der Gespräche informiert worden.

Für das amerikanische Außenministerium ist »eine angemessene Entschädigung«, die von den Betroffenen akzeptiert werden muss, nur eine von vier Bedingung für die Aufhebung der Sanktionen. Und sie ist nicht ohne weiteres zu erfüllen. Eine Reihe von Angehörigen der Opfer sträubt sich dagegen, dass die Urheber des Verbrechens ihre Respektabilität mit Geld zurückkaufen dürfen. Ferner muss Libyen nach den Vorstellungen Washingtons die Verantwortung für den Anschlag übernehmen, substanzielle Informationen über dessen Hintergründe liefern und sich in aller Form vom Terrorismus lossagen. Indirekt hat Kadhafi eine solche Sinnesänderung durch sein Verhalten schon zu erkennen gegeben.

Dabei besteht kein Zweifel, dass alle Beteiligten den Streit begraben wollen. Als Washington seine neueste Liste so genannter »Schurken-Staaten« veröffentlichte, war dort über Libyen überraschend Freundliches zu lesen: »Tripoli hat offenbar seine Hilfe für den internationalen Terrorismus beschnitten, obwohl vielleicht Restkontakte zu einigen Gruppen bestehen.« Nach dem 11. September hatte der libysche Revolutionsführer Moammer Kadhafi die Täter energisch verurteilt. Der amerikanische Geheimdienst erhielt von Libyen Material.

Auf der anderen Seite sagte Kadhafis Sohn Seif el-Islam Anfang 2002 vor Journalisten in Paris: »Das Ganze ist unfair, aber wir müssen realistisch sein. Wir werden zahlen, obwohl wir nicht schuldig sind. Wir haben es mit einer Supermacht zu tun, nicht mit Malta oder Zypern.« Seit längerer Zeit war bekannt, dass verhandelt wurde und dass die Entschädigungssumme bei drei Milliarden Dollar liegen würde. Doch für Libyen – so Kadhafi junior – gebe es Bedingungen und Grenzen. »Oder wir gehen auf Null zurück.«

Keiner möchte den ersten Schritt tun oder dem Widerpart die Genugtuung lassen, er habe seinen Standpunkt durchgesetzt. Nach Angaben der Anwälte will Libyen vierzig Prozent der Summe zahlen, wenn die UN ihre Sanktionen, die bisher nur suspendiert sind, ganz aufheben. Weitere vierzig Prozent sollen fällig werden, wenn die USA ihren Boykott beenden. Die letzten zwanzig Prozent will Tripoli zahlen, wenn Libyen von der Liste der »Schurken-Staaten« gestrichen wird.

Den Flug- und Handelsboykott gegen Libyen hatten die UN 1999 aufgehoben, nachdem Libyen zwei der mutmaßlichen Attentäter von Lockerbie in die Niederlande ausgeliefert hatte. Ein schottisches Gericht verurteilte einen der beiden zu »lebenslänglich«.

Trockenes Wüstenklima:
Die Presse im Maghreb

Nordafrikas Klima ist in Sachen Pressefreiheit und Geografie weitgehend konstant: Wüste mit einigen Oasen. Am trockensten ist Libyen. Seine Zeitungen sind Mitteilungsblätter für Verlautbarungen des Regimes von Revolutionsführer Mommer Khadafi. Allenfalls können Spezialisten darin Kursänderungen in der Außenpolitik ablesen. Dafür brauchen Ausländer Arabischkenntnisse, denn da der Massenstaat auf Einsprachigkeit hält, gibt es keine fremdsprachigen Blätter.

Tunesien hat hunderte von Publikationen. Aber sie sind in einem Maße gleichgeschaltet, wie dies im Maghreb allein der perfektionierte Kontrollapparat Präsident Zine el-Abidine Ben Alis zustande bringt. Sein Bild und sein Tagesablauf sind auf fast jeder ersten Seite. Allenfalls Detailkritik an unpolitischen Vorgängen ist erlaubt. Aufregungen bleiben dem Leser erspart. Die gute alte *Prawda* war ein Revolverblatt, verglichen mit tunesischen Zeitungen. Versuche dissidenter Journalisten, unabhängige Journale herauszubringen, sind immer gescheitert. Anträge auf eine Lizenz lässt das Innenministerium gewöhnlich liegen, in einem Fall schon seit 1981. Die Organisation »Reporter ohne Grenzen« zählt Tunesien zu den zehn Ländern mit der geringsten Pressefreiheit. »In Algerien werden Journalisten umgebracht, in Tunesien die Presse«, sagt dazu der Journalist Taoufik

Ben Brik, der durch einen Hungerstreik erreichte, dass er ausreisen konnte. Versuche seines Bruders und einer Frauenaktivistin, Zeitungen ohne Lizenz zu produzieren, endeten damit, dass die in winzigen Auflagen gedruckten *Samisdat*-Exemplare den Verteilern oder ausländischen Helfern von Sicherheitsleuten entrissen wurden.

Tatsächlich sind in Algerien, seit die Militärs 1992 den Sieg der Islamischen Rettungsfront FIS durch Absetzung der Wahlen verhinderten, etwa fünf Dutzend Medienmitarbeiter getötet worden. Die Täter waren islamistische Terroristen, die Opfer arbeiteten überwiegend für laizistisch gesinnte private Zeitungen französischer Sprache. Sie können dem Regime im Gegensatz zur offiziellen Presse recht unangenehme Dinge sagen. Dazu gehören Berichte über Massaker, die in den staatlichen Medien nicht vorkommen. Zwei restriktive Bestimmungen sind in Vorbereitung, doch noch sind private Zeitungen im Prinzip frei. Mit einer einzigen Ausnahme werden sie freilich vom Staat gedruckt und alle sind auf Anzeigen der Staatswirtschaft angewiesen.

Auf indirekte Subventionen oder Parteigelder können auch die marokkanischen Blätter nicht verzichten. Das Bild im Königreich ist dennoch weniger einfarbig als bei den Nachbarn. Es sähe noch freundlicher aus, wenn nicht *Le Journal*, die beste Zeitung des Landes, immer wieder in Bedrängnis geriete. In allen Ländern ist das Fernsehen langweiliges Staatsmonopol. Dennoch sind die Bürger informiert. Überall stehen Satellitenschüsseln. Jeder kann den aus Katar sendenden arabischen Nachrichtenkanal *Al Dschasira* sehen, der nach dem Muster von *BBC World* unzensiert und offenherzig berichtet. Die für die Herrschenden oft unbequeme Wirksamkeit von *Al Dschasira* wird allein daran sichtbar, dass Libyen, Tunesien und Marokko aus Protest ihre Botschafter aus Katar abgezogen haben. Örtlichen *Al-Dschasira*-Korrespondenten wurde unter anderem von Marokko und der Palästinensischen Verwaltung die Lizenz entzogen.

Herumtreten auf Urgestein: Berber sind überall

Er hieß Massinissa, so wie jener Berberkönig, der sich im zweiten Jahrhundert vor Christus aus der Konkursmasse von Karthago ein Großreich herausgeschnitten hatte. Der zweite Massinissa ist seit dem Frühling des Jahres 2001 tot und obwohl er nur 16 wurde, ist er als Märtyrer der nationalen Sache unter Berbern inzwischen mindestens so berühmt wie der antike Monarch. Algerische Gendarmen hatten den bis dahin unbekannten und unbescholtenen Gymnasiasten in seinem Heimatort Beni Douala bei Tizi-Ouzou mit auf die Wache genommen – aus ungeklärten Gründen.

Was danach geschah, beschreibt ein Mitschüler so: »Ich sah wie ein Gendarm mit seiner Waffe hantierte. Dann geriet ich in Panik und hielt die Hände vor die Augen. Ich hörte das Rattern von Schüssen und noch eine zweite Salve. Als ich die Augen aufmachte, lag Massinissa Guermah in einer Blutlache. Sein Körper zuckte noch.« Erst drei Tage danach erklärte das Gendarmeriekommando die zwölf Schüsse aus einer Kalaschnikow zum »bedauerlichen Unfall«, bezeichnete den Toten aber gleichzeitig als »Dieb«. Bei Protesten, die seit jenem Tag in der Kabylei und anderen Teilen Algeriens immer wieder aufflammen, wurden weit mehr als hundert Menschen erschossen und fünftausend verletzt. Die Zahl der Verhafteten geht in die hunderte. Und nichts mehr ist wie vorher für das Volk der Berber.

Aus Beni Douala kann man seither keine Berbergeschichte schreiben. Auch nicht aus Tizi-Ouzou, dem Zentrum der Kabylei, nur etwa hundert Kilometer im Bergland östlich der Hauptstadt. Der Zugang ist für neugierige Ausländer streng reglementiert. Überhaupt ist Algerien sparsam mit Visa für Journalisten. Selbst in der Hauptstadt Algier begleiten Sicherheitsleute jeden angereisten Korrespondenten auf Schritt und Tritt, sobald er sein Hotel verlässt. Ausflüge in Krisengebiete werden in aller Regel nicht erlaubt. Sowohl die Operationen gegen den islamischen Untergrund als auch die Unterdrückung des Berberaufruhrs sollen unter Ausschluss der Öffentlichkeit erfolgen.

Doch Berber gibt es nicht nur in der Kabylei, sondern in vielen Gebieten Nordafrikas. Von dreißig Millionen Algeriern bekennen sich sechs bis sieben Millionen zu Sprache und Identität der Berber. Unter den Marokkanern, gleichfalls an die dreißig Millionen, sind es etwa zwölf Millionen. Die Tuareg sowie andere Bewohner der Sahara und der Sahelzone zwischen Mauretanien und Niger – eine weitere Million – sind gleichfalls ethnisch Berber. In Tunesien bestehen Enklaven von fünfzigtausend Berbern auf der Insel Djerba und in einigen Dörfern des Südens. Für Libyen liegen keine Schätzungen vor. Als östlicher Vorposten der Berber gilt die ägyptische Oase Siwa. Und seinen ersten Weltkongress hielt das verstreute Volk im August 1996 auf Las Palmas ab, denn die Kanarischen Inseln betrachten die Berber als westlichen Rand ihrer Diaspora.

»Wir sind alle Berber«, sagt Lahcen Oulhaj, Professor der Nationalökonomie an der Universität Rabat. »Als die arabischen Eroberer in den Maghreb vordrangen, waren sie ein Prozent der Bevölkerung, hunderttausend Mann bei damals zehn Millionen Einwohnern.« Noch zu Beginn des 20. Jahrhunderts sei Tamazight – der Oberbegriff für alle Berberidiome – Muttersprache von neunzig Prozent aller Marokkaner gewesen. Nur einmal seit der Unabhängigkeit Marokkos wurde bei einer Volkszählung nach der Sprache gefragt. Doch das Ergebnis wurde nie veröffentlicht. Während der siebziger Jahre saß Oulhaj, einer der Führer der marokkanischen Berberbewegung, als Maoist im Gefängnis. Wenn seine Mutter ihn besuchte, musste er mit ihr Arabisch sprechen.

Immer schon waren die berberischen Ureinwohner Nordafrikas renitent gegen Eroberer. Ihre Kolonisierung durch Rom blieb an der Oberfläche. Obwohl es ein Berber, der heilige Augustinus, bis zum Kirchenvater brachte, setzte sich das Christentum nur langsam durch. Erst im 12. Jahrhundert erlosch der Widerstand gegen den Islam, den die Araber brachten. Eine volkstümliche Symbolfigur dieser Epoche ist bis heute die Berberkönigin Kahina – für muslimische Historiker eine böse Zauberin. Im Lokal der berberischen Kulturvereinigung »Asidd« in Meknes hängt ihr Bild neben den Ikonen der beiden Massinissas.

Wenn der Neurochirurg Youssef Agouri und sein Freund Ighraz Mimoun, pensionierter Schulinspektor, miteinander reden, sprechen die beiden

Asidd-Führer Tamazight, gemischt mit arabischen Brocken, oder rundheraus Französisch. In der algerischen Kabylei ist die Intifada der Berber ein Volksaufstand, der auch auf arabische Algerier übergreift. Armut, Arbeitslosigkeit und Überdruss an einem korrupten Regime sind auch dort der Zündstoff. In Marokko hingegen ist die Berberbewegung noch weitgehend eine Sache von Intellektuellen. Zunächst 229 Universitätslehrer, Schriftsteller, Künstler, Geschäftsleute und Beamte haben im Jahr 2000 ein Manifest unterzeichnet, das sprachliche, kulturelle und soziale Gleichstellung fordert. Eine Partei wurde bisher nicht gegründet, denn ob das Berbertum links steht oder rechts, ist noch nicht heraus. Selber definiert sich die Bewegung als »fortschrittlich, modern, universalistisch und laizistisch«.

König Mohammed VI. hat in seiner jüngsten Thronrede die Gründung eines »Instituts für Amazigh-(= Berber)-Kultur« angekündigt. Es soll »die Säulen unserer von den Vorfahren ererbten Identität stärken« und für ihre Integration ins Erziehungssystem sorgen. Die Kultur der Berber nannte der König, selber Sohn einer berberischen Mutter, einen »nationalen Schatz«. Vorsichtig-beifällig reagierte die Bewegung, denn ähnliche Versprechungen gab es schon früher. Immer noch ist Arabisch die einzige Staatssprache. Das marokkanische Fernsehen sendet täglich dreimal sieben Minuten in den drei Berberdialekten. Das ist alles. In Casablanca mussten Eltern jahrelang kämpfen, bis sie ihren Sohn Idir nennen durften. Ein Erlass verbietet Standesbeamten, unarabische Namen einzutragen. Ortsschilder wurden arabisiert. Nicht einmal eine Tamazighübersetzung des Koran darf gedruckt werden: Die religiöse Autorität des Königs, der als »Kommandeur der Gläubigen« islamische Orthodoxie garantiert, könnte darunter leiden.

Mimoun und Agouri zeigen auf reiche Felder links und rechts der Straße von Meknes in die Berge. Das Land war Gemeinbesitz der Berberstämme Ait Nder und Ait Nahman, bis die Franzosen es für ihre Siedler konfiszierten. Nach der Unabhängigkeit übertrug das Königreich den Grund an Angehörige der arabischen Stadtelite von Fez. Die Berber wollen ihr Land zurück. Längst geht es nicht mehr allein um Kultur. »Wir sind keine Araber! Korrigiert die Geschichte! Genug mit der Folklore!«, riefen berberische Gewerkschaftler beim Maiumzug in Casablanca. Aber die Führer der Bewegung haben rasch begriffen, dass selbst die Duldung, die sie neuerdings genießen, gefährlich ist: Sie könnten als Blitzableiter gegen die Islamisten benutzt werden. Einst haben arabische Regime diskret die Fundamentalisten gefördert, damit sie ihnen die Agitation der Marxisten vom Hals schafften. Jetzt könnten »fortschrittliche, laizistische« Berber eine ähnliche Funktion übernehmen.

Der junge Mann im Straßencafé in Rabat trägt ein T-Shirt, dessen Brustdekor ein blaues Straßenschild der Art ist wie sie überall in Frankreich hängen. »Rue Lounes Matoub« steht darauf. Der vor drei Jahren ermordete Sänger war das Idol der algerischen Kabylei. »Ich bin weder Araber noch verpflichtet, Muslim zu sein«, schrieb Lounes Matoub in der Zeitung *Rebelle*. »Mein Volk weigert sich seit dem 7. Jahrhundert, seine Werte für die des Islam zu verkaufen«, sagte er zum französischen *Express*. Und zur Melodie der algerischen Nationalhymne sang er aufrührerische Verse mit der Schlusszeile: »Säubern wir Algerien vom Verrat!« Die Islamisten hassten Matoub, das Regime auch.

Das Original des Straßenschildes hängt in Grenoble. Auch in der Diaspora verwalten sich die Berber durch ein »Arch«, ein Dorfkomitee wie in der Heimat. Ein Komitee in den Niederlanden schickt Geld, damit kabylische Dörfer die Straßen reparieren können, die der Staat vernachlässigt. Und wenn der Pariser Arch es befiehlt, dann demonstrieren hupende Taxifahrer vor dem Europarat. Sympathien unter Berbern sind grenzüberschreitend. Aber ob sie vom ethnischen Urgestein unter dem arabischen Profil Nordafrikas je zur politischen Kraft werden, ist ungewiss.

Als Algeriens Präsident Abdelaziz Bouteflika im Fernsehen die Einsetzung einer Kommission zur Untersuchung der von der Gendarmerie begangenen Massaker verkündete, sprach er bewusst Hoch-Arabisch. Die Kommission stellte fest, die Gendarmen seien gegen das Volk »wie in einem Krieg« vorgegangen, die Verantwortung für den Schießbefehl sei nicht aufklärbar, vielleicht habe man Splittermunition verwendet. Konsequenzen: keine.

Oder fast keine. Die algerischen Parlamentswahlen vom Mai 2002 wurden von den Berbern boykottiert. In der Provinz Tizi Ouzou gingen nur 1,8 Prozent der Berechtigten zur Abstimmung, in der Provinz Bejaia ganze 2,8 Prozent. Bei fast täglichen Zusammenstößen von Unzufriedenen mit der Polizei werden in der Kabylei regelmäßig öffentliche Gebäude als Symbole des verhassten Staates demoliert oder Gendarmeriewachen belagert. Ihre ablehnende Haltung zu den Wahlen begründeten die Komitees mit der allgemeinen Unsicherheit, der Gefahr von Manipulationen und den mangelnden Ausdrucksmöglichkeiten der Berber für ihre nationalen Wünsche. Die beiden Berberparteien FFS und RCD hatten ebenfalls zur Enthaltung aufgerufen. Ihre Abgeordneten waren schon abseits geblieben, als der algerische Kongress am 8. April eine Verfassungsänderung verabschiedete, welche die Berbersprache Tamazight als »Nationalsprache« anerkennt. »Amtssprache« bleibt jedoch weiterhin allein das Arabische. Bouteflika hatte die Verfassungsänderung vorangetrieben, in der Hoffnung, damit die Stimmung in der Kabylei zu beruhigen. Diese Wirkung trat jedoch nicht ein. Dass dafür erstmals seit der Unabhängigkeit Algeriens der »Kongress« zusammentrat, die gemeinsame Tagung von Abgeordneten und Senatoren, stieß bei den Berbern weitgehend auf Gleichgültigkeit. FFS-Chef Hocine Ait Ahmed, einer der letzten überlebenden Führer des Aufstandes gegen die Franzosen, blieb dem Kongress fern, weil er nicht »an einer Maskerade« teilnehmen wollte. RCD-Chef Said Saadis sah in der Verfassungsänderung zwar »einen wirklichen symbolischen Fortschritt«. Auch er boykottierte jedoch die Versammlung, weil er die »politische Berechnung« missbilligte, die hinter dem Votum stehe.